# Appenzeller, Entlebucher und Berner Sennenhund

## Das große Schweizer-Sennenhundebuch

Mein Hund fürs Leben Ratgeber

Appenzeller Sennenhund
White Swiss Shepherd Dog
Entlebucher  Sennenhund
Berner Laufhund
St.Bernard
Berner Sennenhund
Grosser Schweizer
Sennenhund

# Swiss dogs

# Inhalt

# Abbildungsverzeichnis

# *Die Geschichte der Sennenhunde*

## Die Vorfahren der Sennenhunde

Bislang konnten nur Spekulationen darüber angestellt werden, wo die Rasse ihren Ursprung hat. Es gibt unterschiedliche Theorien hinsichtlich der eigentlichen Herkunft der Sennenhunde, jedoch konnte nie eine Theorie zweifelsfrei belegt werden. Damit bleibt es nach wie vor ein Mysterium, dass noch aufgeklärt werden muss.

Eine sehr beliebte Spekulation besagt zum Beispiel, dass bereits im 1. Jahrhundert vor Christus mit den Römern ziemlich große Hunde in dem Umland der heutigen Schweiz Einzug hielten. Die Hunde, die dem heutigen Typ Mastiff und Molosser gleichen, wurden mit den einheimischen Hunden verpaart. Diese großen Hunde der Römer hatten die Aufgabe, die Lager zu bewachen und zu verteidigen. Gleichfalls wurden sie zur Bewachung an Wachtürmen eingesetzt. Noch heute haben die Sennenhunde das Bewachen, Hüten und Melden von fremden Personen in ihren Genen, obwohl sie fremden Menschen oder Besuchern gegenüber meistens freundlich sind und sich nicht als scharfe Bewacher aufführen.

Allerdings spricht gegen diese Theorie, dass derartig abgelegene und sehr ländlichen Gegenden nicht unter der Macht der Römischen Legionen gestanden haben und es angeblich schon Hunde in diesen Gefilden gab, lange bevor die Römer kamen. Interessanterweise fanden aber Archäologen Knochen, die aus der Bronze- und Eisenzeit herstammen und die die Theorie der Molosser und Mastiff tatsächlich belegen könnten. Ausgrabungen haben die Skelette von großen Hunden zutage befördert, die vermutlich als Vorfahren der Sennenhunde gelten könnten. Eine ganz andere Spekulation besagt, dass die Tibetanische Dogge als Vorfahr der Sennenhunde gilt. Aber auch das konnte nie ganz klar bewiesen werden.

## Der Berner Sennenhund wurde von den Bauern und Hirten geliebt.

Bereits bei den Kelten, die seinerzeit in den Alpen gelebt haben, gehörten die Berner Sennenhunde dazu und erwiesen sich als äußerst bedeutsame Arbeitstiere. Sie schützten ihre Menschen und die belebten Orte und bewachten das Vieh der Bauern. Einer ihrer Hauptaufgaben war es, das Vieh zu hüten und dafür zu sorgen, dass es in der Herde zusammenblieb. Das blieb auch für eine lange Zeit so. Die Sennenhunde sollte natürlich auch freundlich und aufgeschlossen den Menschen gegenüber sein, aber in der Zucht wurde überwiegend auf die Gebrauchsqualitäten geachtet, was bedeutete, dass nur diejenigen Hunde bleiben durften, die den Aufgaben auch gewachsen waren.

Hunde, die das nicht konnten, waren in den Augen der Bauern nur überflüssig und mussten durchgefüttert werden. Leider war die Konsequenz, dass solche Tiere getötet wurden und das sogar noch bis ins letzte Jahrhundert!

Der Berner Sennenhund musste seinem Menschen gegenüber treu und gehorsam sein. Das waren früher sehr wichtige Wesensmerkmale, die von ihm verlangt wurden. Letztendlich waren die Hunde fest eingebunden in das durchaus harte Leben in den Alpenregionen. Sie waren der ständige Begleiter ihres

Menschen, ganz gleich ist es, ob es auf die Felder ging, zu steil gelegenen Weiden oder auf dem Hof. Doch im Gegensatz zu manch anderen Gebrauchshunden durften die Sennenhunde oftmals mit in die Wohnstuben (vor allem in den strengen Wintern). Normalerweise war es zu der Zeit üblich, dass die Hunde zu jeder Tages- und Nachtzeit draußen waren und den Hof bewachten.

Der Berner Sennenhund gehört zu den Rassen, die eine sehr innige Bindung zu ihren Menschen aufbauen und sie immer bei sich haben möchten. Die Tiere können sehr gut unterscheiden, wer Freund oder Feind ist.

**Ein Beispiel hierzu:** Ein Berner Sennenhund, der die Dorfgemeinschaft kennt, wird nicht anschlagen. Bei Personen oder Eindringlingen, die er nicht kennt, wird er diese sofort melden. Die Sennenhunde mussten damals „mitdenken" bei der schweren Arbeit. Daher findet man auch heutzutage noch ein umsichtiges „Handeln" bei den Tieren – eine besondere Eigenschaft dieser Hunde.

Seinem ausgezeichneten Ruf verdankte der Berner Sennenhund dem Hundekarren und dem Käse. Hundekarren gehörten im 19. Jahrhundert zum täglichen Leben dazu. Die Hunde waren nicht so teuer im Unterhalt wie Pferde und sie konnten ohne weiteres auch kleine Lasten ziehen. Dazu gehörten auch Milchkannen, die die Bauern täglich zu den nahegelegenen Käsereien brachten. Doch nicht nur die Bauern, sondern auch die Händler und Metzger schätzten die kräftigen und leistungsstarken Hunde, die diese Arbeit übernahmen.

Abbildung 1: Sennenhunde waren nützliche Arbeitstiere

Die Hunde aus dem „Weiler Dürrbach" (Kanton Bern) hatten einen exquisiten Ruf, der die „Dürrbächler-Hunde" (alte Bezeichnung für den Berner) immer bekannter machte und sie wurden zunehmend geschätzt. Die sehr kleine Wohnsiedlung (Weiler) bestand im Grunde genommen nur aus einem Bauernhof und einem Wirtshaus. Da aber auf der Route nach Bern viele Handelsreisende Dürrbach bereisten, war ein beliebter Treffpunkt das Wirtshaus und so begann auch der Handel mit den bunten, dreifarbigen Berner Sennenhunden.

Zu der damaligen Zeit hatte die Rasse aber noch keine einheitliche Bezeichnung. Vielmehr wurden sie von den Bauern „Bäri", „Vieraugli" oder „Ringli" genannt. Mit der Zeit hat sich aber der Name „Dürrbächler" oder „Dürrbachhund" durchgesetzt.

## Der Bernhardiner ist ein starker Konkurrent der Dürrbachhunde.

Neben den Dürrbächlern gewann auch der starke und große Bernhardiner, mit seiner einheitlichen Zeichnung, immer mehr die Oberhand. Er ließ die Herzen der Hundefans höher schlagen. Noch heute gilt er als großmütig und freundlich, der gerne arbeitet und einen ausgeprägten Beschützerinstinkt hat. Die eindrucksvolle Erscheinung machte den Hund attraktiv und zog viel Aufmerksamkeit auf sich. Die Bauern und Händler hatten an dem Dürrbachhund kaum noch Interesse, dadurch geriet er in den Hintergrund. Nur in den weit entlegenen Bergregionen, wo die Bauern schon lange mit ihrem folgsamen und loyalen Sennenhund lebten, war er immer noch beliebt. Diesen Menschen ist es auch zu verdanken, dass der Berner Sennenhund nicht ganz in Vergessenheit geraten oder schlimmer noch ausgestorben ist.

## Die Geburtsstunde der Berner Sennenhunde Zucht

Die „Schweizerische Kynologische Gesellschaft" wurde im Jahr 1883 von anspruchsvollen Hundeliebhabern ins Leben gerufen. Unter „Kynologisch" versteht man die Lehre von Rassen, Zucht, Pflege, Verhaltensweise, Ausbildung und Krankheiten der Haushunde. In den ersten Jahren wurden Registrierungen von unterschiedlichen Hunderassen in das schweizerische Stammbuch eingetragen. Ungefähr zehn Jahre nach dem Gründungsjahr gelang es dem Wirt Franz Schertenleib und Fritz Probst die Aufmerksamkeit und das Interesse für den Dürrbachhund wieder zu entfachen und die Dürrbächler wurden gezielt gezüchtet. Mit

Beginn des 20. Jahrhunderts entstanden weitere Ableger der Schweizerischen Kynologischen Gesellschaft und die ersten Hundeschauen fanden statt. Erstmalig 1902 nahmen auch die Dürrbächler und weitere Rassen der Hirtenhunde an diesen Veranstaltungen teil. Den Durchbruch der Sennenhunde war auf der Internationalen Hundeschau im Jahr 1904 in Bern. Dort wurden vier Hunde ausgezeichnet, die dann als „Dürrbacher Sennenhunde" in das Schweizerische Hundestammbuch aufgenommen wurden. Unter anderem gilt die damalige Hündin „Belline" als Ahnmutter der Berner Sennenhunde.

Das war der Startschuss für die zunehmende Beliebtheit der Dürrbächler und die Reinzucht begann. Durch den Eintrag in das Schweizerische Hundestammbuch bekam der Dürrbächler den Stand eines Rassehundes.

## Der erste Zuchtverband und seine Gründung

Neben dem Veterinär Dr. Scheidegger und dem Züchter Gottfried Mumenthaler war auch wieder Franz Schertenleib dabei, als im Jahr 1907 der „Schweizerische Dürrbach Klub" in Burgdorf gegründet wurde. Professor Dr. Albert Heim, Kynologe und Geologe, gehörte mit zu den Gründungsmitgliedern und er war darüber hinaus Richter bei den Hundeausstellungen, wo er in Luzern das erste Mal auf den schönen Berner Sennenhund traf. Nach ausführlichen Informationen über diese Rasse veröffentlichte er ein Schriftstück bei der Schweizerische Kynologische Gesellschaft. Seitdem war er ein großer Fan der Rasse und die Dürrbachhunde haben sein Herz erobert.

Mit Argusaugen begutachtete er nun auf Hundeausstellungen die ihm sehr liebgewonnenen Dürrbächler und er legte den Züchtern nahe, besonders bei den Hunden auf ein gutes Wesen und ein gleichmäßiges Aussehen achtzugeben. Die Zeichnungen des Fells der Dürrbächler wies zwar immer noch Unterschiede auf, aber mit der Zeit kristallisierte sich ein langhaariger Hundetyp heraus. Kritisiert wurde aber immer noch die Spaltnase.

Im Hinblick auf die weiteren Sennenhund-Rassen – bei deren Kategorisierung und Unterscheidung ebenfalls Prof. Dr. Heim mitwirkte – machten die Hundeforscher (Kynologen) den Vorschlag, den Dürrbächler in den Berner Sennenhund umzutaufen. Dies fand aber erst mal keine Zustimmung. Erst im Jahr 1913 wurde dem zugestimmt und so wurde aus dem Dürrbächler der Berner Sennenhund. Damit wurde auch der ursprüngliche Name von dem Klub „Schweizerische Dürrbach Klub" in „Klub für Berner Sennenhunde" umbenannt. Durch die Reinzucht unterschied sich nun der Berner Sennenhund auch immer mehr von den weiteren Sennenhund-Rassen. Sein typisches Aussehen sowie einige andere Merkmale wurden nun als Rassemerkmale verbindlich gemacht.

## Über die schweizerische Grenze hinaus beliebt.

Gegen Ende des Ersten Weltkrieges war die Anzahl der Klubmitglieder enorm zurückgegangen und auch die Berner Sennenhunde waren in ihrer Anzahl deutlich geschrumpft. Aber die allgemeine Zucht der Rasse nahm wieder an Fahrt auf und

1919 wurden erstmals in Deutschland (Schweißheim nahe München) Berner Sennenhunde gezüchtet. Da sich die Gründung von Klubs und Vereinen äußerster Beliebtheit erfreute, wurde auch so im Jahr 1923 der Verein „Schweizer Sennenhund-Verein für Deutschland" gegründet.

In den 1930er Jahren nahmen immer mehr Züchter an internationalen Ausstellungen teil und stellten stolz ihre Berner Sennenhunde vor, was ein breites Publikum erfreute. Der Erfolg war so groß, dass 1937 die ersten Berner Sennenhunde eine neue Heimat in England und Amerika fanden.

Allerdings wurde zehn Jahre später ein Neufundländer mit einem Berner Sennenhund gekreuzt und die Nachfahren hatten einen erheblichen Einfluss auf die Zucht.

Leider ging auch im Zweiten Weltkrieg die Zucht der Berner Sennenhunde zurück. Doch in den 1960er Jahren nahm die Nachfrage nach den Bernern wieder extrem zu. Die ehemaligen Dürrbächler hatten Anhänger aus der ganzen Welt, vorwiegend aber in Deutschland, Holland, Frankreich, Schweden, Spanien und aus Amerika. Während sein exponentieller Ruhm nicht mehr zu stoppen war, wurde sein Rassestandard immer mehr und mehr verfeinert. Hinzu kamen gesundheitliche Auflagen, die die Rasse weiterhin aufwerten sollte.

# *Der Appenzeller Sennenhund*

## Herkunft, Körperbau und Aussehen

Schon beim Anblick des Appenzeller Sennenhundes erkennt man sofort seine Selbstsicherheit und sein Temperament. Seine schnelle Bewegungen und seine smarte Mimik lassen schnell erkennen wie er auf sein Gegenüber reagiert. Durch sein hell klingendes, aber dennoch kräftiges Gebell verschafft er sich Respekt.

Der Appenzeller Sennenhund wurde zunächst zur Gebrauchstüchtigkeit hin gezüchtet und weniger nach seinem Äußeren. Doch mittlerweile hat auch die Schönheit zugenommen und er kann sich überall sehen lassen. Seine Statur hat eine mittlere Größe und der Körperbau ist fast quadratisch, obgleich er wohlproportioniert ist. Rüden erreichen mit ihrem bemuskelten, aber dennoch beweglichen Körper, eine Widerristhöhe von ungefähr 52 cm bis 58 cm. Hündinnen erlangen eine Widerristhöhe von circa 50 cm bis 54 cm. Das Gewicht ist in der Standardnorm nicht definiert, aber grundsätzlich liegt es bei 25 kg bis 32 kg. Der Kopf hat eine leichte, keilförmige Form, der aber in einem perfekten Verhältnis zu dem ganzen Körper steht. Die Stirn ist flach und der Stop (Übergang von der Nasenwurzel zur Schädelkalotte/Schädeldach) kaum ausgeprägt. Die Ohren haben eine dreieckige Form. Sie sind hoch angesetzt und im Ruhezustand des Tieres liegen sie flach an. Ist der Hund aufmerksam, stellt er die Ohren am Ansatz auf und sie bilden zusammen mit dem Kopf ein Dreieck. Der Appenzeller Sennenhund hat kleine mandelförmige Augen, die minimal schräg liegen und in den meisten Fällen haben sie eine hellbraune bis dunkelbraune Farbe.

Der Hals ist kurz aber kräftig und die tief liegende und breite Brust gliedert sich an. Ein typisches Merkmal für den Appenzeller Sennenhund ist seine sogenannte „Posthornrute", die dichtes Fell hat und die er über dem hinteren Rücken trägt.

Genauso ebenmäßig wie der Körperbau ist auch die Färbung des Fells, welches eine schwarze Grundfarbe hat und mit rostbraunen und weißen Abzeichen versehen ist. Sehr schön anzusehen ist die weiße Blesse, die vom oberen Kopf/Stirn über den Fang bis hin zum Kinn und zur Brust verläuft. Auch die Pfoten und die Spitze der Rute haben eine weiße Farbe. Vom Standard her ist neben der charakteristischen schwarzen Grundfarbe auch Havannabraun erlaubt. Das Stockhaar hat eine Länge von drei bis vier Zentimetern und ist glänzend. Das Unterfell ist dicht und üppig, dadurch bietet es dem Hund einen perfekten Schutz vor Kälte, Regen und Wind. Der Appenzeller Sennenhund hat eine Lebenserwartung von ungefähr 12 bis 14 Jahren.

**FCI-Standard:** Nr. 46 - Appenzeller Sennenhund
Gruppe 2 Pinscher und Schnauzer - Molossoide - Schweizer Sennenhunde
Sektion 3 Schweizer Sennenhunde

Abbildung 2: Appenzeller Sennenhund

## Charaktereigenschaft des Appenzeller Sennenhunds

Der Appenzeller Sennenhund ist ein agiler und lebhafter Geselle, der viel Bewegung braucht. Demgemäß ist der Rassehund nicht für Menschen geeignet, die sich überwiegend zu Hause aufhalten. Der Sennenhund aus den Appenzeller Alpen wurde als Hütehund gezüchtet und ist auch heute noch ein echtes Energiebündel. Sind seine Halter ebenfalls sehr sportlich unterwegs und unternehmen viel mit ihm, fühlt er sich auch als Familienhund sehr wohl. Für den Appenzeller Sennenhund ist es überhaupt kein Problem, eine Herde mit 150 Tieren auf weitläufigem Gelände zusammenzuhalten. Er ist agil, hat viel Ausdauer und liebt es in Bewegung zu sein. Ein Besitzer wird es niemals erleben, dass sein Appenzeller faul in der Ecke liegt. Wie bereits erwähnt, ist er als Gebrauchshund gezüchtet worden und hat von Natur aus einen enormen Arbeitseifer. Durch seinen anhaltenden Drang ständig beschäftigt zu sein, seine Lernbereitschaft und die hohe Ausdauer machen ihn nicht nur zu einem perfekten Hütehund, vielmehr ist er auch in anderen Gebieten einsetzbar. Denkbar ist hier zum Beispiel eine Ausbildung zum Sanitäts-, Lawine- oder Blindenhund.

Sein unermüdlicher Wachtrieb, seine Kühnheit und seine Treue tragen dazu bei, dass er als Schutz- und Wachhund sehr angesehen ist. Der Appenzeller ist ein Hund, der genau beobachtet und bei einer fremden Person oder einem Eindringling diese mit lautem Gebell ankündigt. Er ist ein absolut zuverlässiger Wachhund. Für diese Rasse ist die helle Stimme typisch, ganz gleich ist es dabei, ob er beim Spielen oder beim Bewachen bellt.

Nachteilig ist, dass diese Rasse sehr gerne bellt. Aber mit der richtigen und beharrlichen Erziehung kann man das Gebell in ein vernünftiges Maß bringen. Schließlich ist er sehr gelehrig und gehorsam. Seiner Familie oder seinem Menschen gegenüber ist er sehr loyal und meistert die ihm gestellten Aufgaben mühelos. Diese Rasse ist sehr intelligent und besitzt eine hervorragende Beobachtungsgabe. Auf jede Mimik und Gestik seines Menschen reagiert der einfühlsame Hund sofort und kann gut einschätzen, was seine Bezugsperson von ihm möchte. Lebt der Appenzeller in einer Familie, pflegt er zu allen Mitgliedern ein inniges Verhältnis und ist immer gesellig. Gerade bei jungen, quirligen Hunden kann es durchaus vorkommen, dass sie vor lauter Übermut und Spielfreude ihr „gutes Benehmen" vergessen und ihrem Spielgefährten mal ins Bein zwacken. Das ist aber nicht böse gemeint, denn sie lieben das ausgiebige Spielen mit Kindern. Dennoch muss dem Einhalt geboten werden. Hat man als Hundehalter die richtige „Mischung" aus Konsequenz und Liebe in der Erziehung angewandt, ist das Zusammenleben mit dem Appenzeller Sennenhund normalerweise von Harmonie geprägt und selten problembehaftet. Auch anderen Artgenossen gegenüber, die mit in einem Haushalt leben, gibt er sich sehr verträglich. Allerdings ist er fremden Personen gegenüber erst einmal misstrauisch, ohne dabei aggressiv zu sein oder beißwütig zu werden. Aber als Halter sollte man immer im Kopf haben, dass er in bedrohlichen Situationen, ohne zu zögern, zubeißen würde.

# Wer eignet sich als Halter?

Für den Appenzeller Sennenhund ist es das Größte, wenn er auf dem Land leben darf. Dort kann er sich austoben und bewegen. Er gehört nicht zu den Hunderassen, die sich gerne auf dem Sofa rekeln. Der Appenzeller ist ein prima Begleithund für aktive Familien. Für Hundeanfänger ist er aber nicht unbedingt zu empfehlen. Er ist auch nicht unbedingt geeignet für Menschen, die es gemütlich lieben oder in einer Wohnung mitten in der Stadt leben. Er liebt die Herausforderungen bei der Arbeit und beim Hundesport. Vom Grundsatz her ist diese Rasse nicht sonderlich anspruchsvoll, wenn es um die Haltung geht. Aber für das Tier ist es wichtig, dass er beschäftigt ist und er eine tägliche Aufgabe hat. Ausschlaggebend ist auch, dass er eine enge Beziehung zu seiner Familie hat und er gut in sie integriert ist.

Da die Rasse sehr lernwillig und mit Begeisterung dabei ist, lässt sich der Appenzeller gut erziehen. Durch die starke Fokussierung auf seine Bezugsperson kann dies bei der Erziehung und Ausbildung gut genutzt werden. Eine besondere Gabe hat der Appenzeller: Er ist in der Lage – durch gute Beobachtung – die Stimmung seines Menschen im Gesicht zu erkennen. Auch das ist ein Potenzial, welches gut bei der Erziehung ausgenutzt werden sollte – allerdings mit viel Gefühl. Die Appenzeller Sennenhunde haben ein beträchtliches Gerechtigkeitsempfinden und fordern dies auch in Form eines gerechten Umgangs mit ihnen ein.

Diejenigen Personen, die sich zum ersten Mal einen Hund anschaffen wollen, sollten es sich genau überlegen, ob sie mit einem Appenzeller beginnen möchten. In der gesamten Haltung kann er für sie schon eine echte Herausforderung darstellen.

Wegen seines hohen Arbeitseinsatzes eignet er sich indessen prima als Schutz-und Wachhund sowie als Sanitäts- und Lawinenhund. Dass bedeutet aber auch, dass seine Besitzer entweder in einem Beruf arbeiten, wo solche Hunde gefragt sind oder sie in ihrer Freizeit als Sanitäter oder beispielsweise bei der Bergrettung tätig sind. Wenn sich eine Familie für die Anschaffung eines Appenzellers entscheidet, sollten sie sich bewusst machen, dass der Hund täglich geistig und körperlich, durch Denksport und Hundespiele, gefordert werden muss. Das ist bedeutsam für sein Wohlbefinden und man möchte ja schließlich einen zufriedenen und ausgeglichenen Hund haben.

Es gibt Hundesportarten, die sich besonders gut für den Appenzeller Sennenhund eignen:
- Dogtrekking
- Fahrradfahren
- Agility

## Der Welpe – Was zu beachten ist.

Der agile, selbstsichere und lebhafte Appenzeller Sennenhund ist von Natur aus ein guter Bewacher und Hüter. Die Hundeerziehung fängt schon im jungen Welpenalter von acht bis zehn Wochen an, muss aber sehr vorsichtig vorgenommen werden. Möchte man einen Appenzeller erziehen, braucht man viel Geduld und Zeit. Auf die Schnelle geht da gar nichts. Viele Menschen meinen, dass Erziehung hauptsächlich etwas mit Gehorsam und Unterordnung zu tun hat. Doch zu Beginn ist das nicht der Fall. Die Erziehung bezieht sich erst mal darauf, eine gesunde Vertrauensbasis zwischen dem jungen Welpen und dem Hundehalter aufzubauen.

Erste vertrauensbildende Maßnahmen entstehen dadurch, dass zum Beispiel der Welpe durch seine Bezugsperson hochgenommen wird. Liegt er im Arm und sein Mensch streichelt ihn, wird der kleine Welpe mit der Zeit immer ruhiger. Durch das ruhige und leise Ansprechen des Welpen kann sich dieser an die Stimme und den Geruch des Menschen gewöhnen. Der junge Hund wird sich immer mehr an den Klang der Stimme gewöhnen und diese im Gehirn abspeichern. Sind die ersten Bände geknüpft, registriert der Welpe, dass ihm beim Aufnehmen nicht schlimmes passiert und er wird sich schneller entspannen.

## Den richtigen Namen auswählen.

Der Name für einen Hund sollte kurz und prägnant sein. Es ist wichtig, dass ein Hundehalter jede Gelegenheit nutzt und seinen Hund beim Namen anspricht oder ihn ruft. Der Welpe lernt seinen Namen dann, wenn er ihn im Zusammenhang mit seinem Handeln bringen kann. Vor allem beim Herbeirufen oder bei dem Aussprechen von Befehlen. Genauso gut kann beim Streicheln der Name ausgesprochen werden. Das gilt vor allem dann, wenn der Welpe etwas richtig gemacht hat. Das positive Verknüpfen von einer Handlung und dem Namen erleichtert die Erziehung und verstärkt zudem noch die Hund-Mensch-Beziehung.

## Die Stubenreinheit beibringen.

Gerade in der Anfangszeit bleibt es nicht aus, dass der kleine Appenzeller schon mal was unter sich lässt. Welpen haben eines gemeinsam: bevor sie sich „hinsetzen" legen sie ein typisches Verhalten an den Tag. Entweder drehen sie sich auf einer Stelle im Kreis oder sie beginnen ausgiebig am Boden zu schnüffeln.

Bemerkt dies der Hundehalter sollte er sofort reagieren und den Welpen hinaus bringen. Nachdem sich der Welpe gelöst hat, ist es wichtig, ihn ausgiebig zu loben. Damit verbindet er eine positive Erfahrung. Je mehr dieses Verhalten geübt wird, umso schneller wird der kleine Appenzeller sich melden und anzeigen, dass er „dringend in den Garten muss". Da jeder Hund/Welpe anders ist, werden auch unterschiedliche Strategien entwickelt: ein Welpe geht ohne Umwege zur Haustür, der andere beginnt zu bellen und wieder ein anderer wird seine Bezugsperson anstupsen.

Passiert in der Wohnung doch mal ein Malheur, dann beseitigen Sie es ohne großartig mit ihm zu schimpfen, zu fluchen oder ihn gar mit Gewalt zu strafen. Erwischen Sie ihn in flagranti, können Sie ihn mit den Worten „Nein/Pfui" aufnehmen und nach draußen setzten.

Eine falsche Verknüpfung, die durch negative Ausbrüche des Menschen entstehen, können durchaus zu einem Fehlverhalten führen, was zum Beispiel wäre, dass der Welpe sich gar nicht mehr meldet, um sich zu lösen und stattdessen sich in der Wohnung oder im Haus eine Ecke aussucht. Am besten ist es, wenn Sie sich gute zwei Wochen Zeit nehmen, wenn der Welpe angekommen ist. Generell sollte die Erziehung eines Appenzeller Sennenhundes – eigentlich jeden Hundes – altersgemäß angepasst sein und nicht zu übertrieben werden.

Eine richtig gute Erziehung des selbstsicheren Appenzellers verlangt nach viel Feingefühl. Ein behutsames und liebevolles aber hartnäckiges Training der Welpen ist besonders wichtig. Es ist unbedingt davon abzuraten, dem kleinen Hund gegenüber aggressiv zu werden oder ihn gar anzuschreien.

Als Welpe ist er noch schreckhaft und verspürt er Gewalt, verzeiht er es nicht so schnell. Dennoch sollte man selbstsicher ihm gegenüber auftreten und ihm durch die starke Führungspersönlichkeit Hilfeleistung geben. Nicht zu vergessen ist die gute Sozialisierung schon in frühen Jahren, da sie sich später auf sein Wesen auswirkt. Das Sozialverhalten kann gut in Hundeschulen geübt werden, da der kleine Welpe Kontakt zu anderen Welpen bekommt und mit verschiedenen Situationen konfrontiert wird. Das Sozialverhalten wird dadurch stark geprägt. Dabei hat er auch die Möglichkeit zu einem lieben und freundlichen Familienhund zu werden.

Der Appenzeller Sennenhund benötigt eine konsequente und ganz klare Erziehung, die aber durch Geduld geprägt ist. Der Welpe oder Junghund testet sehr gerne seine Grenzen immer wieder erneut aus. Den Welpen verstehen lernen. Das ist sicherlich einer der wichtigsten Punkte bei der Vorbereitung auf das neue Familienmitglied. Denn versteht man das Tier und das Tier (und umgekehrt), wird das Zusammenleben erheblich erleichtert.

Hat man ein Grundverständnis für die Psychologie der Hunde wird es einem helfen, in Harmonie und Glück mit dem Welpen – und später erwachsenen Hund – zusammenzuleben. Man muss kein Experte auf diesem Gebiet sein, aber schon durch Lesen von Fachbüchern hinsichtlich der Welpenerziehung und der Haltung von Hunden wird man sein Wissen erweitern können. Kommt man allerdings irgendwann einmal an einen Punkt, an dem das Wissen nicht mehr ausreicht, kann man sich Hilfe bei einem Hundetrainer holen.

## Den Appenzeller Sennenhund an Halsband, Brustgeschirr und Hundeleine gewöhnen.

Möchte man den noch jungen Welpen mit dem Halsband und/oder dem Brustgeschirr vertraut machen, sollte man so früh wie möglich damit anfangen. Beginnen kann man damit, dass man ihm das Halsband zeigt und es so leicht wie möglich anlegt. Die Reaktionen darauf sind unterschiedlich: Manche Welpen fangen fürchterlich an zu schreien „Welpenmord!", andere wiederum nehmen es kaum wahr und wieder andere verfallen in eine Art „Schockstarre" und trauen sich nicht, sich zu bewegen.

Ganz gleich, wie der junge Welpe reagiert, die Hauptsache ist, dass er das Halsband ganz kurz anbehält. Je nachdem wie die Reaktion war, kann man am gleichen Tag – oder bei einer Schockreaktion erst am nächsten Tag – wieder das Halsband erneut umlegen und ihn kräftig, mit einer freundlichen Stimme, loben. So verbindet er das Halsband mit einem freudigen Erlebnis. Im zweiten Schritt kommt die Leine hinzu. Auch hier ist es besser, dem Hund die Leine zu zeigen und sie nur für einen kurzen Moment am Halsband fest zu machen. Hat er dies akzeptiert, kann man beginnen, in der Wohnung mit ihm zu üben an der Leine zu laufen.

Abbildung 3: Sennenhunde langsam an Leine gewöhnen.

Steht nach den Trockenübungen der erste richtige Spaziergang in der freien Natur an, sollten zumindest die Grundkommandos, die da wären: Sitz, Platz, Bleib, Hierhin und bei Fuß, wenigstens halbwegs klappen. Der Welpe sollte ungefähr wissen, was gemeint ist. Aber auch bei den Kommandos ist viel Geduld des Halters gefragt, da der Hund nicht sofort weiß, was er machen soll und nicht direkt parieren wird. Gerade dann, wenn der junge Hund das erste Mal im Wald ist, gibt es viel Neues zu entdecken und er wird überall mal seine Fellnase hineinstecken.

Hinzu kommt, dass der kleine Appenzeller das Spazierengehen an der Leine noch überhaupt nicht kennt und er es erst noch lernen muss. Doch Appenzeller sind ja sehr schlaue und lernwillige Tiere. Er wird also sehr schnell begreifen, was er machen oder auch nicht machen soll.

Ist der junge Sennenhund auf Entdeckungstour und zieht zu sehr an der Leine, kann man stehenbleiben und ihm dadurch signalisieren, dass das nicht die richtige Art der Fortbewegung ist. Er wird es vielleicht noch zwei oder dreimal versuchen, aber spätestens dann wird er verstanden haben, dass es nicht in Ordnung ist, was er macht. Mit der Zeit und der Häufung der Spaziergänge wird er lernen, wie er sich an der Leine verhalten muss und sich auch an das Tempo seines Besitzers gewöhnen. Wichtig ist immer, ihn ausreichend zu loben, sobald er etwas richtig gemacht hat.

Im Allgemeinen ist bei der Welpenerziehung darauf zu achten, dass man mit viel Geduld und Nachsicht an die Sache herangeht. Es sollte immer hinterfragt werden, was man gutheißen möchte und was nicht. Kommt zum Beispiel der Appenzeller-Welpe nicht sofort zurück, wenn er gerufen wird, muss man sich in Geduld üben und abwarten, ohne ihn dann auszuschimpfen, wenn er zu spät kommt. Das kann bei ihm beziehungsweise bei allen Welpen ins Gegenteil umschlagen, dass sie nämlich Angst haben, zu einem zu kommen.

Wird er gemaßregelt, bedeutet das für ihn, dass er Schimpfe bekommt, weil er zurückgekommen ist. Doch genau das soll er ja: zurückkommen (halt nur beim ersten Rufen). In manchen, hartnäckigen Fällen hilft auch der altbekannte Trick, wie er auch schon bei kleinen Kindern angewandt wird: Man dreht sich um und tut so, als würde man ohne das Tier nach Hause gehen oder in eine andere Richtung. Die Wirkung wird sich häufig schnell zeigen. Ist das nicht der Fall, hat man nur die Option, abzuwarten, bis sich der Hund bequemt, von alleine zurückzukommen. Doch dann muss er gelobt werden, auch wenn man innerlich explodieren möchte. So verbindet der Appenzeller sein Zurückkommen mit einer liebevollen Geste und wird zukünftig bestimmt schneller umkehren, wenn er gerufen wird.

Fängt der Welpe aber an, Unsinn zu machen, muss sein Besitzer ihm gleich Einhalt gewähren. Dies kann in Situationen sein, in denen er anfängt an Vorhängen oder Kissen zu knabbern oder Schuhe durch die Gegend zu tragen. Hier muss eine ganz klare Ansage, wie „Aus", „Pfui" oder „Nein" erfolgen, um ihm diese Unart auszutreiben. Mit einer entsprechenden Geste, beispielsweise ein erhobener Zeigefinger, kann die Maßregelung noch verschärft werden.

## Die Sozialisierung des Appenzeller Sennenhundes

Fremden Personen gegenüber ist der Appenzeller Sennenhund erst mal skeptisch. Daher ist es wichtig, ihn so früh wie möglich an Begegnungen mit fremden Menschen zu gewöhnen. Gehen Sie so oft es nur geht mit anderen Personen spazieren. Ideal ist es natürlich, wenn diese auch ihre Hunde dabei haben und der kleine Sennenhund mit ihnen spielen kann. Das sind sehr wichtige Vorgänge in der Sozialisierung des Appenzellers.

Während des Spaziergangs treffen Hundebesitzer immer wieder aufeinander und grüßen sich freundlich. Genauso machen es die Hunde untereinander auch. Sie beschnüffeln sich kurz und gehen dann mit ihren Menschen weiter. In manchen Fällen geht man auch einfach aneinander vorbei, ohne dass der Hund stehen bleibt, dadurch lernt der Hund auch, dass er nicht jeden Artgenossen begrüßen muss. Der junge Appenzeller verknüpft bei derartigen Begegnungen mit Menschen – mit oder ohne Hund – dass es in Ordnung ist und er nicht in ein „Beschützerverhalten" verfällt.

Abbildung 4: Appenzeller Sennenhund spielt mit Labrador-Mischlingshund im Freien

## Besuch von Gästen im Haus

Kommen Gäste zu Besuch, muss der Appenzeller-Welpe lernen, die fremden Leute zu akzeptieren und nur wenig bis gar nicht auf sie zu reagieren. Beste Voraussetzungen, um dies zu lernen, bieten tägliche Situationen, wie zum Beispiel wenn der Postbote kommt oder Nachbarn, die öfter mal einen Besuch abstatten.

Wenn die Klingel ertönt, darf der kleine Welpe zwar mit an die Türe, sobald man aber bemerkt, dass der kleine Appenzeller zu forsch auf denjenigen an der Türe zugeht, muss das Verhalten korrigiert werden. Ein kurzes Beschnüffeln ist in Ordnung. Ein anhaltendes Gebell ist es allerdings nicht und die Sennenhunde sind nun mal sehr bellfreudig. In der ersten Zeit bei diesen Erziehungsmaßnahmen ist es für den Halter eine gute Hilfe und Unterstützung, wenn der kleine Hund an die Leine genommen wird, sobald es an die Haustüre geht. Dadurch lässt sich ein nicht korrektes Verhalten sehr gut korrigieren.

## Den Appenzeller Sennenhund zu sich rufen.

Es ist der wichtigste Befehl überhaupt für alle Hunde. Das Tier muss aus jeder erdenklichen Situation sofort abrufbar sein. Gerade im Welpenalter ist es sehr einfach, dieses Kommando zu üben, da der Welpe noch sehr auf seine Bezugsperson fixiert ist und ihm schnell folgen wird. Wie bei jeder Übung ist auch der Zeitpunkt wichtig. Daher sollte man den jungen Hund nur zu sich rufen, wenn man sich sicher ist, dass er auch zu einem kommt und er nicht gerade mit einer Sache intensiv beschäftigt ist. Ist der richtige Augenblick da, ruft man den Namen seines Hundes und ermutigt ihn dazu, zu einem zu kommen. Dies kann durch ein besonderen Laut sein, durch Klatschen in die Hände, mit einem Spielzeug oder auch indem man sich umdreht und weggeht. Man muss ausprobieren, worauf der Welpe am besten reagiert.

Sobald der Welpe sich „auf den Weg macht" und zu einem kommt, benutzt man das Kommando „Komm" oder „Hierhin". Ist er dann freudig angekommen, wird er überschwänglich und mit einer freundlichen Stimme gelobt. Zu Beginn sollte dieser Befehl mit einem sehr schönen Erlebnis verbunden sein, z.B. eine tolle Belohnung, ein kurzes Spiel oder ein besonderes Leckerchen. Damit erreicht man, dass der Welpe auch dann zu einem kommt, wenn er eigentlich auf eine andere Sache fixiert ist.

Und das ist auch der Grund, dass man auf gar keinen Fall schimpfen sollte, wenn er kommt. Auch dann nicht, wenn er die ersten Male nicht gehört hat. Beginnen sollte man mit diesem Befehl in einer Umgebung, in der es nicht sehr viele Reize für den Welpen gibt. Nach einiger Zeit kann dann das Niveau und die Ablenkung gesteigert werden.


## Worauf man bei der Erziehung achten muss.

Ist der Appenzeller körperlich sowie auch geistig gut beschäftigt, ist es für den Besitzer einfacher, die an sich schon sehr lernwillige Rasse zu erziehen. Durch das gute Einfühlungsvermögen, die rasche Auffassungsgabe und die Bereitschaft viel zu lernen, stellen sich bei dem Appenzeller Sennenhund recht zügig die Erziehungserfolge ein. Voraussetzungen ist, dass die Erziehungsmethoden dauerhaft und konsequent durchgezogen werden. Damit gewisse Verhaltensregeln eingeübt werden und auch der schon angeborenen Bellfreudigkeit in ihren Anfängen gestoppt werden kann, müssen die Kommandos hierzu so lange wiederholt werden, bis der Appenzeller dies verinnerlicht hat.

# Das Kommando „Sitz"

Junge Welpen, die noch gar keine Erfahrung mit Lernübungen gemacht haben, sind in der Lage, das Kommando sehr schnell zu begreifen. Um diesen Befehl einzuüben stellt oder hockt man sich vor den Welpen und hält bereits ein Leckerchen zwischen Daumen und Mittelfinger fest. Nun streckt man den Zeigefinger hoch, um den Welpen das „Sitzzeichen" beizubringen. Die Hand mit dem Leckerchen geht jetzt an der Hundenase vorbei nach oben, sodass der Welpe gezwungen ist, den Kopf in den Nacken zu legen, bis er sich auf den Boden setzt. Bemerkt man, dass er sein Gesäß in Richtung Boden führt, spricht man das Kommando „Sitz" aus. Genau in dem Moment, wenn das Gesäß den Boden tangiert, gibt man ihm sofort das Leckerchen und lobt ihn mächtig.

Abbildung 5: Sichtzeichen "Sitz"

## Das Kommando „Platz"

Auf dem Kommando „Sitz" aufbauend, kann man während des Trainings mit dem Welpen den Befehl „Platz" üben. Dazu muss der Welpe vor einem sitzen. Man nimmt erneut ein Leckerchen, diesmal zwischen Zeige- und Mittelfinger und führt die flache Hand vor der Hundenase nach unten. Bewegt sich der kleine Körper nach unten, sagt man den Befehl „Platz" und gibt ihm sofort die Belohnung. Wieder wird der Welpe ausgiebig belohnt.

Abbildung 6: Sichtzeichen "Platz"

## Das Kommando „Bleib"

Es gibt immer mal wieder Situationen im Alltag, in denen es notwendig ist, dass der Welpe und später der erwachsene Hund, alleine zu Hause bleiben muss. Für dieses Training soll der Welpe vor seiner Bezugsperson sitzen. Um prinzipiell die Bedeutung des Befehls „Bleib" darzustellen, reicht oft schon eine klare Körpersprache aus.

Sie stellen sich direkt vor Ihren Welpen und neigen sich leicht nach vorne. Die flache Hand wird ihm entgegengestreckt. So zeigen Sie schon allein durch die Haltung, dass er dort bleiben soll, wo er ist. Jetzt machen Sie einen kleinen Schritt rückwärts, verbleiben dort einige Sekunden und gehen dann wieder nach vorne. Der Welpe wird sofort belohnt, dass er sitzengeblieben ist. Hat ein Schritt zurück gut funktioniert, können Sie nach und nach einen größeren Abstand wählen und so die Zeit, in der der Welpe sitzen bleibt, verlängern. Irgendwann ist der Zeitpunkt da, dass Sie den jungen Hund alleine lassen können.

## Das Kommando „Aus"

Ein weiteres, wichtiges Kommando ist „Aus" und das gilt nicht nur beim Spielen. Ganz gleich, was der Welpe mit sich herumträgt, genau das muss er auch auf das Kommando sofort wieder abgeben. Gleiches gilt auch für das Abgeben oder Ablassen von Essbarem, dass in der freien Natur gefunden wird. Es kann ein Hundeleben retten. Um dieses Kommando zu lernen, spielen Sie am besten mit dem Welpen und einem Spielzeug, dass Sie selber noch gut fassen können, wenn er es im Maul hält.

Sie greifen dann mit einer Hand über die Schnauze, was ihn dazu veranlassen wird, das Spielzeug loszulassen. Und wie bei den anderen Befehlen auch sagen Sie in dem Moment „Aus". Wieder wird der Welpe mit einem Leckerchen. kurzen Spiel oder Streicheleinheit belohnt. Sehr wichtig ist es, dass der Welpe lernt, dass er sein Spielzeug wieder zurückbekommt, sobald er es loslässt und es nicht gänzlich weg ist. Nach einigen Übungen wird es nicht mehr nötig sein, dem Welpen über die Schnauze zu greifen, denn der junge Hund wird den Gegenstand, den er im

Maul hat, freiwillig bei dem Kommando abgeben.

Gerade in der Anfangszeit sollten Sie darauf achten, dass der Welpe nicht zu stark körperlich gefordert wird, um Sehnen- und Knochenschäden im Erwachsenenalter vorzubeugen. Fängt die dunkle und nasse Jahreszeit an, ist es viel schwieriger, den Welpen genügend auszulasten. Dann können Sie sehr gut die „Denkspiele" spielen. Sie sind eine fantastische Alternative zu Spaziergängen. Zu diesem Thema haben wir bereits ein Buch veröffentlicht.

Abbildung 7: Sichtzeichen "Aus"

## „Nein!" heißt auch „Nein!" – Beharrlichkeit ist wichtig in der Welpenerziehung.

Die Wörter „Nein – Aus – Pfui" müssen sich auch die kleinsten Appenzeller verinnerlichen. Im Normalfall werden diese Wörter schon mit einer tieferen und drohenden Stimme ausgesprochen. Und für kleine Welpen wirken diese ausgesprochenen Worte schon oftmals so bedrohlich, dass sie meistens ihr Verhalten unterbrechen. Wird man die Worte noch durch eine entsprechende Gestik unterstreichen, in dem man zum Beispiel auf den Welpen forsch zugeht oder den Zeigefinger erhebt, signalisiert man: dein jetziges Verhalten ist nicht korrekt!

Hat dann der Appenzeller das nicht erwünschte Verhalten unterbrochen, ist es entscheidend, dass Sie sich mit dem jungen Hund beschäftigen und er – sei es auch nur für eine Kleinigkeit – gelobt wird. Dem Welpen soll damit klar gemacht werden, dass die Wörter „Nein, Aus, Pfui" für einen Wechsel einstehen von einem nicht erwünschten Verhalten zu einem erwünschtem Verhalten.

Schlimm wäre es jedoch, wenn auf ein drohendes „Aus" und dem dadurch erfolgten Abbruch seiner Aktion, keine positive Aufforderung folgen würde. Denn dann kann es unter Umständen passieren, dass der Welpe aus Frustration und Unsicherheit wieder in sein altes Verhaltensmuster zurückfällt und das möchte man ja schließlich nicht. Es muss natürlich auch klar sein, dass der Besitzer – einmal ein „Nein" ausgesprochen – auch dabei bleibt und sich nicht ständig umentscheidet.

## Die unsichtbare Leine

Die Natur hat es perfekt eingerichtet, dass der Welpe bis etwa zum vierten Monat ganz nahe bei der Mutter bleibt. Er wird sich nicht allzu weit von ihr entfernen. Doch jetzt haben Sie die Rolle des „Muttertieres" übernommen und diese imaginäre Leine bleibt zwischen Ihnen und dem Welpen bestehen. Sie können den

Welpen also unbedenklich springen lassen (nicht an einer Straße). Er wird Ihnen nicht davonlaufen, sondern Sie auf Schritt und Tritt verfolgen. Immer vorausgesetzt, er ist noch klein. Nutzen Sie diesen Vorteil und rufen Sie ihn öfters während des Spaziergangs zu sich hin und loben ihn übermäßig, wenn er kommt. Aber nie sofort anleinen, sondern ihn wieder laufen lassen, bald von Neuem rufen und immer mit einer Belohnung, wenn er kommt. Dadurch wird das Herankommen zur Selbstverständlichkeit. Es muss nur geübt werden.

Je älter der Welpe wird, umso forscher und selbständiger wird er werden und mehr und mehr versuchen, seine Umgebung zu erkunden. Lassen Sie ihn nie außer Sichtweite, sondern rufen Sie ihn immer wieder. Es wäre schon, wenn sich zwischen Ihnen und dem Welpen eine unsichtbare Leine bildet, so dass der Welpe sich immer vergewissert, wo Sie gerade sind und nicht umgekehrt. Im Alter von ungefähr fünf oder sechs Monaten kann es passieren, dass der Appenzeller Sennenhund verschiedene Gerüche aufnimmt und einfach los läuft. Hier müssen Sie besonders achtgeben: Läuft er bereits, können Sie kaum noch auf den jungen Appenzeller einwirken. Bemerken Sie allerdings rechtzeitig, wie er gerade im Begriff ist zu starten, rufen Sie ihn sofort sehr scharf und loben ihn, wenn er kommt. Ist er aber leider schon auf und davon, können Sie nur an der Stelle warten, wo er davongelaufen ist. Für Sie bedeutet das: warten, warten und nochmals warten. Kommt der junge Appenzeller endlich zurück, machen Sie bitten nicht den Fehler und schlagen oder schimpfen mit ihm. Machen Sie ihn lieber ohne ein Wort zu sagen fest, ignorieren Sie ihn und gehen weiter.

Haben Sie immer im Kopf: Ein Hund der herankommt, sollte niemals gestraft werden. Er würde handscheu werden und das Vertrauen verloren gehen. Darüber hinaus ist es in der Erziehung eines Appenzeller Welpen bedeutsam, dem Tier immer etwas anzubieten, was er behüten kann. Das Behüten und Bewachen gehört zu den Urtrieben der Sennenhunde und sollte – genauso wie die große Bewegungslust – in die Hundeerziehung mit einbezogen werden.

## Was sind die Besonderheiten dieser Rasse?

Ohne Frage ist der Appenzeller Sennenhund eine reine Sportskanone. Er hat seinen guten Ruf als großartiger Hüte- und Treibhund nicht ohne Grund. Hauptsächlich im Leistungssport und bei Agility ist er gerne unterwegs. Doch auch andersartige Sportarten, die beispielsweise sein Denkvermögen verlangen, mag er sehr gerne.

Auch wenn er augenscheinlich ein kurzes Fell hat, ist seine Unterwolle dicht gewachsen. Daher macht es dem Appenzeller Sennenhund auch nichts aus, bei kaltem und windigem Wetter oder bei Regen draußen zu sein.

Um eine dauerhafte und gesunde Entwicklung zu erreichen, ist es für den Appenzeller durchaus wichtig, dass er sich täglich körperlichen und geistigen Aktivitäten unterzieht. Durch spielerische Reize und liebevollem Zuspruch durch die Bezugsperson lässt sich der Appenzeller Sennenhund gut für das tägliche Training begeistern.

**Die Fähigkeiten des Appenzeller Sennenhundes:**

- Sie können sich Befehle/Kommandos nach einigen Wiederholungen merken und führen sie zuverlässig aus.
- Verbote verinnerlichen sie schnell und halten sich daran.
- Sie können sehr gut als Blinden- oder Rettungshunde ausgebildet werden, auch als Helfer für Menschen mit körperlichen Defiziten.
- Sie werden als Herdenschutzhund eingesetzt, gerade auch im Hinblick auf die Rückkehr von Wölfen.
- Sie sind in der Lage, auseinander getriebenes Vieh aus großen Herden wieder zusammenzutreiben.
- Sie sind perfekte Wachhunde.
- Sie sind sehr einfühlsam und zeigen eine gute Reaktion auf menschliche Emotionen.

# Ernährung, Gesundheit und Pflege

### Die Ernährung eines Appenzeller Sennenhundes

Die Appenzeller sind belastbar und haben nicht so hohe Ansprüche, was die Ernährung angeht. Im Allgemeinen frisst diese Rasse sehr gerne und ist auch nicht sonderlich wählerisch, was das Futter angeht. Daher ist Vorsicht geboten, da sie gerne zu Übergewicht neigen. Für Besitzer bedeutet das, dass sie die richtige Portionsgröße verfüttern. Eine gute Zusammensetzung der Nahrung und der Menge für einen ausgewachsenen Appenzeller sieht in etwa so aus:

> ➢ etwa 300 Gramm Fleisch
> ➢ rund 150 Gramm gekochtes Gemüse
> ➢ 150 Gramm Reis oder Nudeln

Da heutzutage die angebotenen Trockenfutter und Nassfutter sehr gut mit Mineralstoffen und Vitaminen versetzt sind, ist es auch problemlos möglich, seinem Hund diese Nahrung anzubieten. Die empfohlenen Portionen sind auf den Etiketten angegeben und sollten nicht überschritten werden, auch wenn der Hund so riesig erscheint! Möchten Sie ihrem Hund eine „Zwischenmahlzeit" geben, eignen sich Kauknochen aus Büffelhaut sehr gut, da sie auch Zahnstein und Mundgeruch vorbeugen und eben eine hygienische Angelegenheit sind. Damit das Fell glänzt und die Haut schön geschmeidig bleibt, kann man etwas Sonnenblumenöl über das Futter geben. Dem Appenzeller reicht es völlig aus, wenn er morgens und abends eine Mahlzeit bekommt. Doch bitte aufpassen, dass der Hund nach dem Fressen nicht spielt oder herumrennt, um so die gefährliche Magendrehung zu vermeiden.

Die Sennenhund-Welpen bekommen eine Zeit lang dreimal täglich etwas zu fressen (kleine Portionen). Meistens wird der Züchter Ihnen das Futter mitgeben, dass er bislang an die Kleinen verfüttert hat. So kommt zu dem Stress, sich an ein neues Heim zu gewöhnen, nicht noch eine Futterumstellung hinzu. Dies kann zu einem späteren Zeitpunkt immer noch geschehen, wenn der kleine Appenzeller sich mehr eingewöhnt hat.

Die Futterumstellung wird dann gut gelingen, wenn Sie zu dem bisherigen Futter jeden Tag eine kleine Menge des neuen Futters untermischen. Der Hundemagen und Darmtrakt kann sich besser an die neue Nahrung gewöhnen und Erbrechen oder Diarrhö bleiben dem kleinen Wusel erspart. Doch auch in der Ernährungssache ist Vorsicht geboten: Energiereiches Futter ist nicht für den Appenzeller und vor allem für die Welpen nicht gut. Das Problem ist, dass das Wachstum schneller voranschreitet und dadurch Gelenk- und Muskelprobleme entstehen können.

Zwar liegt die gesundheitliche Entwicklung der Welpen anfangs noch in der Verantwortung des Züchters, aber spätestens wenn der junge Welpe einen neuen Besitzer hat, trägt er die ganze Fürsorge für sein Tier. Stammen die Welpen von Elterntieren mit guten Erbanlagen ab, entwickeln sie sich meistens auch zu robusten Hunden und dann ist in der Regel nur ein Kontrolltermin im Jahr beim Tierarzt notwendig. Abgesehen von den anfänglichen Impfungen, die in der 8. Woche gegen Krankheiten wie: Parvovirose, Hepatitis, Staupe und Leptospirose erfolgen und in der 12. und 15. Woche wiederholt werden. Zusätzlich sollten die Welpen in der 12. Woche gegen Tollwut geimpft werden. Ob der Appenzeller in seiner Entwicklung schlank und aktiv bleibt, wie einst seine Vorfahren, wird auch maßgeblich durch die Nahrung des Hundes bestimmt. Der Appenzeller benötigt im Größenverhältnis zu seinem Körper nur eine geringe Futterration.

Erste Hinweise darauf, dass das Tier Übergewicht hat, äußern sich oftmals in einer Unlust sich zu bewegen oder wenn man die Rippen nicht oder kaum noch ertasten kann. Kleinere Portionen aus einem qualitativ hochwertigem Futter verlangsamen das Wachstums- geschehen, was wiederum positiv für die Knochen, Muskeln und die inneren Organe ist. Wichtig ist, dass die Nahrung den täglichen Energiebedarf abdeckt und der Hund die nötigen Nährstoffe,

Vitamine und Mineralien erhält. Zudem sollte man die Vitamin D3-Zufuhr sowie die Calcium- und Phosphorzufuhr genau im Auge haben. Wenn Sie sich unsicher sind, wie hoch die Gaben sein sollten, scheuen Sie sich nicht, den Züchter oder den Tierarzt danach zu fragen. Hier bekommen Sie Tipps für ein geeignetes Futter.

Damit Sie Übergewicht bei Ihrem Hund vermeiden, ist eine ausreichende Bewegung unerlässlich. Bedenkt man, dass schon seine Vorfahren als Arbeitshunde riesige Herden auf weitläufigem Gebiet zusammengetrieben haben und diese Gene vererbt wurden, ist es nicht verwunderlich, dass der Appenzeller Sennenhund extrem viel Bewegung und Beschäftigung benötigt. Für sein energievolles und unermüdliches Temperament kommt im Grunde genommen nur ein sehr sportlicher Halter oder eine aktive Familie in Frage. Um ihm einen Ersatz zum Hüten zu geben, sind einige Hundesportarten ideal. Es bereitet ihm aber auch Freude, wenn er am Fahrrad mitlaufen kann oder mit ihm lange Wanderungen unternommen werden.

## Wie wird der Appenzeller Sennenhund richtig gepflegt?

Die Fellpflege ist – wie bei eigentlich allen Hunden – sehr wichtig. Sie dient dazu, dass Parasiten sich nicht ausbreiten und Hautkrankheiten vorgebeugt wird. Fachleute raten dazu, das Fell des Appenzellers wenigstens einmal in der Woche zu bürsten.

Während des Fellwechsels – im Frühjahr und Herbst – wird das sich lösende Unterfell durch das Bürsten entfernt. Manchmal passiert es auch, dass sich die Hunde im Schlamm wälzen und dieser nicht mehr so einfach ausgebürstet werden kann. Dann hilft nur noch eins: den Hund zu baden. Dies sollte aber nicht zu oft passieren. Im Fachhandel kann man sich spezielles Hundeshampoo kaufen, welches nicht so sehr den Schutzmantel der Haut angreift.

Auch die Augen, Ohren, Pfoten und die Region um den After müssen in regelmäßigen Abständen von Schmutz, Verklebungen und getrockneten Sekreten gesäubert werden. Hierfür ist es aber völlig ausreichend, mit einem feuchten Tuch die betroffenen Stellen zu reinigen. Für die Ohren gibt es spezielle Ohrenreiniger, auf die man zurückgreifen kann. Die Krallenpflege sollte man, wenn man unsicher ist, einem Fachmann überlassen, denn zu schnell kann man beim Schneiden in den „lebenden" Teil der Kralle gelangen und dies verursacht starke Schmerzen bei dem Tier.

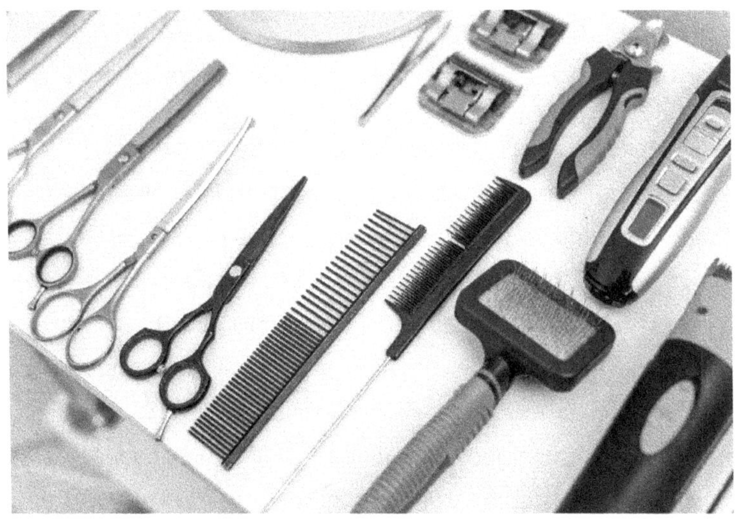

Abbildung 8: Pflegeset für Hunde

Manch ein Appenzeller neigt dazu, Zahnstein zu bilden. Hier hat der Hundebesitzer die Möglichkeit anhand einer extra angefertigten Hundezahnbürste oder mit Fingerlingen auf denen schon Hundezahnpasta ist, die Zahnreinigung vorzunehmen. Prinzipiell macht es Sinn, schon die Welpen an die Hundepflege mit ihrem ganzen drumherum zu gewöhnen und es mit ihnen zu üben. Das erleichtert nicht nur dem Halter seine pflegende Arbeit, sondern auch bei dem Besuch beim Tierarzt kann der Appenzeller entspannter, z.B bei einer Ohrenuntersuchung, untersucht werden.

Stammt der Appenzeller Sennenhund aus einer Zucht, die hauptsächlich darauf achtet, dass das Wesen der Hunde gut ist, kann man von einer Lebenserwartung von bis zu 15 Jahren ausgehen. Vorsicht ist aber dann geboten, wenn die Tiere insbesondere auf äußerliche Attribute gezüchtet wurden. Unter Umständen finden sich nur zuliebe einer schöneren Fellfärbung Inzuchtkreuzungen im Stammbaum wieder. Inzucht kann die Lebenserwartung der Tiere um gut fünf Jahre herabsetzen.

Die immer heißer werdenden Sommer und die hohen Temperaturen sind auch für die Appenzeller eine hohe Belastung. Bekanntermaßen verfügen alle Hunde nur über Schweißdrüsen an ihren Pfoten. Der Wärmeaustausch geschieht einzig und allein durch das Hecheln. Sind die Außentemperaturen sehr hoch, reicht das Hecheln schon fast nicht mehr aus. Der Hund muss dann in den Schatten oder ins kühle Haus. Gerade in diesen Sommermonaten muss zwingend die Bewegung stark zurückgefahren werden und möglichst nur in den frühen Morgenstunden oder spät abends, wenn sich die Luft etwas abgekühlt hat, stattfinden.

Niemals darf ein Hund bei hohen Temperaturen im Auto bleiben, auch wenn der Mensch es noch nicht so warm empfindet. Die Temperaturen im Auto steigen schneller an als die Außentemperaturen! Hechelt der Hund extrem, wird es ihm helfen, wenn er eine Zeit lang mit feuchten, kalten Tüchern bedeckt wird.

## Typische Krankheiten

Folgende rassetypische Krankheiten sind bei allen Sennenhunden zu finden:

- Verkrümmter Rücken
- Kuhhessigkeit (Fehlstellung im Körperbau)
- weiche Gelenke
- anfällige Pfoten
- Hang zu **Hautkrebs** und **Allergien**
- Hang zu **Hüft- und Gelenkdysplasien**
- Ältere Hunde erkranken öfter an **Grauem Star**

Die Appenzeller Sennenhunde können bis zu 15 Jahre alt werden und daher gehören sie zu den „langlebigen Typen". Doch leider gibt es auch bei dieser Rasse genetische Veranlagungen, an bestimmten Krankheiten zu erkranken. Sennenhunde, die aus einer verantwortungsvollen Zucht stammen, sind in der Regel gesunde Hunde und Krankheiten gegenüber relativ unempfindlich. Natürlich kann es auch hier zu angeborenen Fehlstellungen, wie der Hüft- oder Ellenbogendysplasie, kommen. Vererbbar sind auch Augenkrankheiten, wie zum Beispiel der Graue Star. Auch Hauttumore treten mit zunehmendem Alter vermehrt auf. Tiere aus einer Risikozucht haben möglicherweise erschwerend noch

Herz- und Nierenerkrankungen, Fehlwuchs im Skelett oder Gebissfehler.

Bei der Zucht arbeitet man darauf hin, die Veranlagung für die Bildung einer Hüft- oder Ellenbogendysplasie weg zu züchten. Was sich aber nicht als einfach darstellt. Bei der Hüftdysplasie (HD) handelt es sich um eine genetische bedingte Fehlstellung des Hüftgelenks, bei der es im weiteren Verlauf zu vorzeitigen Verschleißerscheinungen und Schmerzen in der Hüfte kommt. Zwar gibt es verschiedene Behandlungsmethoden, letztendlich bleibt es aber dabei, dass nur Schmerzmittel verabreicht werden, die zur Linderung beitragen.

Der Appenzeller Sennenhund trägt nicht nur die Veranlagung in sich, an der HD zu erkranken, sondern auch an einer Ellenbogendysplasie (ED). Der Krankheitsverlauf ist entsprechend dem der HD, allerdings befinden sich die Symptome im Ellenbogen. Ein weiteres Problem ist, dass die Appenzeller Sennenhunde schon früh an dem Grauen Star erkranken. Normalerweise erkranken fast alle Hunde an der Linsentrübung, jedoch erst mit zunehmendem Alter.

Das tückische ist, dass man sie weder mit Medikamenten noch mit Hilfe einer Operation behandeln kann. Je weiter sie fortschreitet, umso mehr kommt es zur Erblindung der Augen. Einige Tierkliniken führen Operationen durch, bei der dem Hund eine Kunstlinse eingesetzt wird. Den Hunden wird dadurch ein besseres Sehen – vor allem im Nahbereich – ermöglicht. Oftmals haben ältere Appenzeller Hauttumore. Daher ist die Hautgesundheit bei dieser Rasse mit zunehmendem Alter besonders wichtig. Der regelmäßige Gang zum Tierarzt, der die Haut untersucht, ist unbedingt nötig. Nicht jede Art von Hauttumor ist bösartig, doch auch die gutartigen Tumoren können, je nachdem wie groß sie sind, eine Belastung sein und sollten operativ entfernt werden.

# Wo kann man den Appenzeller Sennenhund einsetzen?

## Diensthunde allgemein

Gerne werden Appenzeller Sennenhunde bei der Skirettung, als Therapie- und Blindenhund oder als Wach- und Schutzhund eingesetzt. Hat man vor, seinen Appenzeller als Blindenhund ausbilden zu lassen, ist es zwingend notwendig, ihn noch in der Prägephase, also nach der vierten Lebenswoche, peu à peu darauf vorzubereiten. In diesem speziellen Arbeitsbereich finden Tauglichkeitsprüfungen statt, die Hundeanwärter vor ihrem eigentlichen Einsatz ablegen müssen.

## Der Appenzeller Sennenhund als Therapiehund

Unter einem Therapiehund kann man sich einen Hund vorstellen, der ganz spezifisch in der tiergestützten Behandlung eingesetzt wird. Beispiele hierfür sind: Physiotherapie, Heilpädagogik, Psychotherapie, Sprachtherapie oder der Ergotherapie. Es ist nicht gleichzusetzen mit dem Assistenzhund, der als ständiger Begleiter bei seinem Menschen lebt, der körperlich, geistig oder auch seelische Beschränkungen hat. Hierfür wird der Assistenzhund extra ausgebildet. Auch darf man den Therapiehund nicht mit einem Besuchshund verwechseln.

Ein Besuchshund wird in der Regel von geschultem Fachpersonal oder Ehrenämtern beispielsweise zu pflegebedürftigen Menschen oder in Hospizen geführt, um den sozialen Kontakt aufrechtzuerhalten. Das Personal beziehungsweise die Ehrenämter arbeiten nicht auf therapeutischer Ebene, sondern eher auf sozialer Ebene. Grundsätzlich ist jeder Hund – ganz gleich, welche Rasse oder Größe – geeignet, um als Therapiehund zu arbeiten. Jedoch sind es meist die beliebten Hunderassen wie Labrador, Golden Retriever und eben auch der Appenzeller Sennenhund, die aufgrund ihrer freundlichen und netten Art sowie der großen Kommunikationsbereitschaft als Therapiehunde ausgebildet werden.

Therapiehunde sind sehr wesensfest, gesund und haben eine umfangreiche Sozialisierung erlebt. Darüber hinaus haben sie eine stabile Bindung zu ihrem Hundeführer / Besitzer. In der Praxis unterscheidet man zwischen einem „aktiven Therapiehund" und einem „reaktiven Therapiehund". Der wesentliche Unterschied besteht darin, dass der aktive Therapiehund seine eigenen „Ideen" mit ins Spiel bringt. Er fordert immer wieder zum Spielen auf und ist daher sehr geeignet, um sein Gegenüber zu motivieren. Der reaktive Therapiehund reagiert auf die Ideen und Spiele des Patienten und spiegelt ihm die Befindlichkeiten.

## Dogtrekking

Seit mehreren Jahrhunderten sind Mensch und Hund ein eingespieltes Team, wenn sie gemeinsam durch die Natur streifen. Seit einigen Jahrzehnten ist das Dogtrekking beliebt, vor allem in Österreich, Polen, Tschechien und Belgien. Doch auch in

Deutschland findet dieser Hundesport immer mehr Anhänger. Im Prinzip handelt es sich beim Dogtrekking um ein „Hundeweitwandern", welches sich als eine Hundesportart versteht. Aber auch wenn man nicht so kämpferisch dahinter steht, kann man es gerne als eine sportliche Freizeitaktivität sehen und es genießen. In einigen Ländern finden regelmäßig „Dogtrekking-Rennen" statt. Bei diesen Veranstaltungen geht es darum, zusammen mit seinem Hund eine zuvor festgelegte Route von wenigstens 80 Kilometern hinter sich zu lassen. Auf dieser Strecke werden sogenannte „Checkpoints" aufgebaut, die Hund und Herrchen erreichen müssen. Bei diesem Hundesport zählen vorrangig das Miteinander und die gemeinsamen Erfahrungen, die während der Tour gemacht werden. Regeln und erlaubte Ausrüstungen sind von Land und Veranstaltung abhängig. Aber auch viele andere Sportarten, wie z.B. Agility, sind für den Sennenhund passend.

Abbildung 9: Sennenhund beim Agility-Training

# Wissenswertes über den Appenzeller Sennenhund

Hohe Lernbereitschaft und sein ständiger Argwohn gegenüber fremden Menschen lässt die Erziehung und Ausbildung des Appenzeller Sennenhundes vor manche Herausforderung stellen. Wer aber mit Liebe und Geduld an die Sache herangeht, der darf einen absolut treuen Begleiter und ein harmonisches Zusammenleben erwarten. Damit der Appenzeller körperlich ausgelastet wird, kann man mit ihm die klassischen Ballspiele spielen. Der Nachteil dabei ist, dass er nach einer gewissen Zeit unterfordert ist und sein Jagdtrieb durch das ständige „hinter dem Ball herjagen" verstärkt wird. Besser sind sogenannte „Kopfspiele", bei denen er Aufgaben bekommt und diese lösen muss. Aber es gibt auch noch die Suchspiele, bei denen er körperlich und geistig gefordert wird.

Wird der Appenzeller als Arbeitshund eingesetzt, beispielsweise als Rettungshund, muss er eine spezielle Ausrüstung tragen. Wichtig ist, dass sie eine gute Qualität hat und strapazierfähig ist, da er sich während der Arbeit auch frei bewegen muss.

Auch wenn der Appenzeller Sennenhund einen großen Beschützerinstinkt hat, gilt er nicht als bissig oder aggressiv. Voraussetzung ist, dass er hat eine liebevolle und konsequente Erziehung genossen hat. Er eignet sich durchaus als Familienhund. Für Menschen, die nicht sehr aktiv durch ihr Leben gehen, ist diese Hunderasse leider nichts.

# *Der Berner Sennenhund*

## Herkunft, Körperbau und Aussehen

Der Berner Sennenhund hat eine mittlere bis große Statur und ist kräftig gebaut. Auch er hat seinen Ursprung aus der Schweiz, wie der Name bereits verrät. Es ist zwar nicht aussagekräftig belegt, aber die Molosser und Mastiffs sind wohl die Vorfahren der Berner Sennenhunde. Sein Fell ist von mittlerer Länge und was ihn besonders ausmacht, ist sein freundliches und liebes Wesen. Daher wird er unter echten Fans auch „Bärli" genannt: Er erinnert an einen großen, kuscheligen Teddy, den man am liebsten nicht mehr aus den Armen geben möchte.

Aber in dem Berner steckt ein echter Arbeitshund, der gerne und viel arbeitet. In früheren Zeiten haben das die Schweizer Bauern an ihm geschätzt. Darüber hinaus strahlt er eine selbstsichere Gelassenheit und Ruhe aus.

Äußerlich betrachtet ist der Berner Sennenhund von Natur aus sehr schön gezeichnet und hat eine ansprechende Fellfarbe. Charakteristisch ist die Dreifarbigkeit, wobei die schwarze Farbe überwiegt. Sie bedeckt den Kopf, Hals, Rumpf und Rute. Ähnlich wie beim Appenzeller Sennenhund hat auch der Berner eine weiße Blesse, die sich von der Stirn ab gleichmäßig über die Schnauze, die breite Brust bis hin zu den Pfoten und in die Schwanzspitze zieht. Die bräunlich-roten Farbeinsätze im Bereich der Backen (Gelbbäckler), den Beinen und neben der weißen Brust bilden einen sehr schönen Kontrast, wodurch die Dreifarbigkeit komplettiert wird. Kennzeichnend für den Berner Sennenhund sind die ebenfalls bräunlich-roten großen Punkte über den Augen. Ihnen verdankt er auch seinen Beinamen „Vieräugler".

Abbildung 10: Berner Sennenhund

Im Gegensatz zu den anderen Unterrassen der Sennenhunde, ist der Berner Sennenhund der einzige, der lange Haare hat. Das obere Fell ist normalerweise glatt, weich und glänzend und darf gemäß Standard nur leicht gewellt sein. Sein Unterfell ist sehr dicht und bietet zuverlässigen Schutz vor Kälte, Regen und Schnee. Wie die anderen Sennenhunde auch, verträgt er nur schlecht Hitze. Bei hohen Temperaturen sollte der Berner die Möglichkeit haben, sich in den Schatten zurückziehen zu können. Körperliche Arbeit sollte natürlich vermieden werden und Spaziergänge nur am frühen Morgen beziehungsweise am Abend stattfinden. Berner Sennenhunde werden sehr groß. Rüden haben in der Regel eine Widerristhöhe von 64 cm bis 70 cm und Hündinnen ungefähr 58 cm bis 66 cm. Als Familienhund gehalten neigen die Berner leider dazu, Übergewicht zu entwickeln. Das liegt oft daran, dass sie zu wenig Bewegung haben und nicht ausgewogen genug gefüttert werden. Wie bei den Menschen auch führt ein Übergewicht dazu, dass es zu Problemen mit den Gelenken kommt. Unweigerlich entstehen meistens auch noch andere Erkrankungen. Ein gesunder und normalgewichtiger Berner Sennenhund Rüde hat ein Gewicht von circa 55 kg, bei Hündinnen liegt das Gewicht bei circa 45 kg.

Früher achteten die Züchter darauf, dass ihre Hunde vor allem gesund und stark waren und konnten dadurch eine Lebenserwartung von bis zu 13 Jahre erreichen. Heute wird leider in der Zucht viel mehr auf das Äußere geachtet, was die Lebenserwartung des Berners sinken lässt. Die heutige Lebenserwartung liegt nur noch bei 7 bis maximal 10 Jahre. Ausnahmen bestätigen die Regel!

**FCI-Standard:** Nr. 45 - Berner Sennenhund
Gruppe 2 Pinscher und Schnauzer - Molossoide - Schweizer Sennenhunde
Sektion 3 Schweizer Sennenhunde

# Charaktereigenschaften des Berner Sennenhund

Durch sein friedfertiges und liebes Wesen ist der Berner Sennenhund zu einer der gefragtesten Rassen geworden. Er ist seinen Menschen ein Leben lang treu ergeben, liebt es zu kuscheln und ist äußerst anhänglich. Durch seine hohe Reizschwelle bringt ihn so schnell nichts aus der Ruhe und äußeren Reizen wirkt er gelassen entgegen. Ein aggressives Verhalten wird man bei dem Berner nicht finden. Obwohl die Berner Sennenhunde einen angeborenen Wachtrieb und Beschützerinstinkt haben, muss man nicht befürchten, von einem Berner angegriffen zu werden. Seine Beliebtheit bei Familien ist demnach entsprechend hoch und auch mit kleinen Kindern versteht er sich prächtig, obwohl man immer wieder betonen muss: Auch die liebsten Hunde sind nur Tiere! Aber in der Regel liebt er es mit Kindern zu spielen und ist im Umgang mit ihnen sehr vorsichtig.

## Sein einfühlsamer Charakter

Allein der Blick in ein Berner Sennenhund-Gesicht lässt das Herz eines Hundeliebhabers höher schlagen. Sein liebes und freundliches Gesicht erweckt in manchen Situationen den Anschein, als würde er einen anlachen. Glückliche Berner Sennenhunde leben am besten in einem Familienverbund. Berner Sennenhunde gehören einfach nicht zu den sportlichsten Tieren, dennoch genießen sie lange Spaziergänge mit ihren Menschen. Nur große Joggingrunden und ausgiebige Fahrradtouren überlässt er lieber anderen.

Da der sanftmütige Berner auch fremden Personen gegenüber meistens sehr aufgeschlossen ist, lässt er sich nicht besonders gut als Wachhund einsetzten. Einbrecher hätten ein leichtes Spiel, da er sie ganz bestimmt mit freundlich wedelnder Rute empfangen würde. Anders sieht es aus bei anderen Rüden, die mag er nämlich nicht in seinem Territorium dulden.

Die typischen Wesensmerkmale des Berner Sennenhundes:
· friedlich
· anhänglich
· loyal
· ausgeglichen
· gutmütig
· wachsam und aufmerksam

Durch die fordernden Aufgaben, die der Berner Sennenhund in sehr viel früheren Zeiten meistern musst, entwickelte sich ein selbstsicheres und in sich ruhendes Geschöpf. Berner Sennenhunde sind sich ihrer Kraft und ihres Könnens bewusst und haben ihren eigenen Willen, den sie manchmal auch versuchen durchzusetzen, wenn sie eine Möglichkeit dazu sehen. Er gehört nicht zu den Hunden, die darauf warten neue Aufgaben zu bekommen. Vielmehr ist es für ihn wichtig Nähe und eine tiefe Verbundenheit zu seiner Familie zu haben. Seine ganze Aufmerksamkeit gehört ihnen und von Kindern lässt er sich eine ganze Menge gefallen. Er ist der ruhende Pol in dem Familienverbund. Ist der Berner einigermaßen gut erzogen, kann man mit ihm auch ohne Leine in der Natur spazieren gehen. Aber er sollte schon wissen, wie die Regeln lauten. In der Erziehung braucht er klare Ansagen, jedoch auf Basis einer vertrauens- und liebevollen Bindung. Der Berner ist immer darauf bedacht, seine Pflichten gut zu erfüllen, aber ein Workaholic ist er beileibe nicht. Dafür ist er der ideale Beschützer und Wächter, der aber nicht andauernd bellt, wie der Appenzeller Sennenhund. Auch größere Herausforderungen, wie zum Beispiel die Arbeit bei Rettungseinsätzen oder bei der Fährtensuche bewältigt er ohne Probleme und geht dabei mit Bedacht und eigenem Denken vor.

## Wer eignet sich als Halter?

Trotz der imposanten Größe und des Gewichts hat der Berner Sennenhund durchaus eine gute Kondition und ist beweglich. Er hat tolle Charaktereigenschaften, ist gelassen und hat doch seinen eigenen Willen, er ist liebevoll und freundlich. Sein Hauptfokus liegt auf der Familie und er schafft es immer wieder die Kinder zu bespaßen. Unterschätzen darf man ihn in Notsituationen aber nicht, denn er verteidigt seine Familie bis aufs Blut. Wegen seiner großen Kraft und seiner Willensstärke sollten aber Hundeanfänger von dieser Rasse absehen, da sie schnell an ihre Grenzen kommen und die Lust an der Hundehaltung verlieren könnten.

Die Geschwindigkeit, mit der die Beliebtheit dieses Hundes zugenommen hat, kann man auf sein liebes Wesen zurückführen und darauf, dass er ein loyaler Partner und bezaubernder Begleiter seines Menschen ist. Aufgrund seiner Größe ist er nicht so handlich, wie die kleinen Vertreter manch einer Rasse. Für Autofahrten ist es also besser, ihn in einer entsprechend großen Box zu transportieren. Grundsätzlich kann man den Berner gut überall mit hinnehmen. Berner Sennenhunde haben – wie alle

Sennenhunde – einen ausgeprägten Gerechtigkeitssinn und sie erwarten einen entsprechenden Umgang von ihren Menschen. Die gelegentlichen „Sturheitsanfälle" sollte man einfach annehmen und sie mögen. Die Berner fordern eine sehr enge und von gegenseitiger Achtung geprägte Hund-Besitzer-Bindung regelrecht ein. Für ein Leben in der Stadt und in einer Wohnung ist der Berner Sennenhund nicht gemacht. Auf dem Land und in der Natur fühlt er sich am wohlsten. Doch sehr aktive Menschen beziehungsweise Sportler sollten Abstand von dieser Rasse nehmen, da der Berner doch eher ein gemütlicher Hund ist. Die Haltung in einem Zwinger, ganz gleich ob es sich nur um einen zeitlich begrenzten Aufenthalt handelt oder einen dauerhaften, ist gänzlich ungeeignet.

Gerne eingesetzt wird der Berner als Rettungs- und Fährtensuchhund. Hundehalter, die zum Beispiel bei der Bergrettung oder der Polizei arbeiten, können ihren jungen Berner gut ausbilden.

## Der Welpe – Was zu beachten ist.

Endlich ist es soweit und der kleine Berner Sennenhund-Welpe kommt nach Hause. Die Freude ist natürlich riesig. Jeder Welpe ist süß und man neigt dazu, ihm alles durchgehen zulassen. Auch wenn der tapsige Welpe noch so niedlich ist, muss man ihm von Anfang an Einhalt gebieten und er darf nicht alles machen, was er machen möchte. Die erzieherischen Maßnahmen beginnen also sofort. Das bedeutet, dass die natürlich zuvor überlegten und aufgestellten Regeln mit einer gewissen Konsequenz umgesetzt werden. Lässt man nämlich die ein oder andere Unart seines

Welpen durchgehen, kann es dazu führen, dass es später zu problematischen Verhaltensweisen kommt und die ihm dann wieder abzugewöhnen, wird umso schwieriger.

**Ein Beispiel hierzu:** Wenn der kleine Welpe im Spiel immer mal wieder sein Gegenüber ärgert und mit seinen kleinen und scharfen Zähnchen zubeißt, findet manch einer dies noch lustig und süß. Gewöhnt man ihm dieses Verhalten aber nicht rechtzeitig ab, kann es gut sein, dass er mit zunehmendem Alter immer fester zubeißt. Daher ist es ungemein wichtig, die Welpenphase sich zu Nutze zu machen, denn in dieser prägenden Phase lernt der kleine Berner schnell und beständig. Diese Zeit kommt nicht mehr zurück. In dieser Zeit kann er eine Menge positiver Erfahrungen machen und Regeln verinnerlichen.

Das wichtigste, was der kleine Welpe zuerst lernen muss, ist auf seinen Namen zu hören, die Stubenreinheit und das Laufen an der Leine.

## Wie der Berner Sennenhund seinen Namen lernt?

Wird der Hund bei seinem Namen gerufen, möchte der Hundehalter, dass er die Aufmerksamkeit bekommt. Dies kann dann geschehen, wenn danach noch ein weiteres Kommando gegeben wird. Es ist sehr bedeutsam, dass der Berner Sennenhund auf seinen Namen reagiert. Nur dadurch kann der Besitzer die volle Aufmerksamkeit in jeder Situation auf sich ziehen. Gerade dann, wenn der Berner ohne Leine läuft und sich auch die Möglichkeit ergeben kann, dass er eine Spur aufgenommen hat.

Das Training sollte in der ersten Zeit im Haus passieren und zwar dort, wo möglichst wenig Ablenkung ist. Für die Belohnung sollte man stets ein Leckerchen oder ein Spielzeug bereithalten. Jetzt kann man den kleinen Welpen mit einer freudigen Stimme beim Namen rufen. Ein erster Erfolg ist es, wenn der kleiner Berner interessiert zu einem herüberschaut, dann sollte es sofort die Belohnung geben, in Form von Leckerchen oder dem Spielzeug. Gleichzeitig darf man nicht vergessen, ihn auch verbal zu loben. Diese Übung erfolgt über den Tag hinweg und der Berner wird schnell beim Erklingen seines Namens eine positive Erfahrung damit verknüpfen. Die Namens-Übung macht aber nur dann Sinn, wenn in der Umgebung nichts Anderes passiert, was der Welpe interessanter findet.

Die kommenden Tage und Wochen dienen der Übung, jedoch sollten die Leckerchen immer weiter zurückgenommen werden. So lernt der Berner, dass er auch auf seinen Namen reagiert, wenn keine Leckerchen verfüttert werden oder er nicht jedes Mal sein Spielzeug bekommt.

## Stubenreinheit beim Berner Sennenhund

Die schnellste Art, einen Welpen stubenrein zu bekommen, ist die, dass der Welpe in den ersten Tagen ständig mit seiner Bezugsperson zusammen ist. So kann man ihn im Auge behalten und sofort aufnehmen, wenn man das Gefühl hat, er sucht sich eine Stelle, um Wasser zu lassen. Ist dies der Fall, trägt man ihn hinaus und setzt ihn genau dort ab, wo er sich lösen darf. Doch bitte beherzigen: Nicht während des „Lösungsvorgangs" loben. Der Welpe würde sofort aufhören. Beruhigend zu wissen: Jeder Welpe wird über kurz oder lang stubenrein.

Die kleinen Welpen benötigen zwar noch nicht so lange Spaziergänge wie die erwachsenen Berner Sennenhunde, aber kleinere und regelmäßige Runden sollten schon drin sein. Welpen müssen ungefähr alle zwei bis drei Stunden raus, damit sie sich lösen können. Je öfter dies gemacht wird, umso größer ist die Chance, dass der kleine Berner sich daran gewöhnt und sich draußen löst.

Die Welpen fangen dann auch an und „melden" sich, wenn der Druck zu groß wird. Aber jeder macht es auf eine andere Art und Weise:

- Der Welpe sitzt oder steht vor der Haus- oder Gartentüre und wartet
- Der Welpe schnüffelt intensiv am Boden
- Der Welpe macht Anstalten sich hinzuhocken
- Der Welpe wird unruhig
- Der Welpe läuft unruhig im Haus umher und hat die Nase am Boden

Doch wie verhält man sich richtig, wenn der kleine Berner doch mal in die Wohnung oder das Haus macht? Nun, es kommt darauf an, ob er in flagranti erwischt wird oder ob er sich bereits gelöst hat. Wenn man Glück hat, bekommt man mit, wenn sich der Welpe eine geeignete Stelle sucht, sich auf dem Teppich mehrmals dreht, um sich dann hinzusetzen. Genau in dem Moment sollte man klar und deutlich „Nein/Pfui oder Aus" sagen. Am besten nimmt man ihn unverzüglich hoch und geht mit ihm raus in den Garten, damit er sich dort lösen kann. Hat er sich draußen gelöst, ist es wichtig, ihn überschwänglich zu loben.

Ist das Malheur hingegen schon passiert, sollte der Halter nicht mit ihm schimpfen, sondern die Hinterlassenschaft ohne weitere Kommentare wegmachen. Die Welpen verknüpfen Lob oder Rüge immer mit einer gegenwärtigen Situation und sie werden nicht verstehen, warum man mit ihnen im Nachhinein schimpft.

Das Schlimmste, was man jedoch machen kann, ist den kleinen Kerl mit der Nase in seine Hinterlassenschaft zu stupsen! Das ist nicht nur für das Tier ekelhaft und fies, obendrein kann eine derartige Aktion auch den Geruchssinn des kleinen Welpen sehr stark schädigen, da Kot und Urin stark ammoniakhaltig sind und es in Reaktion mit Feuchtigkeit (Nasenschleimhäute) die Schleimhäute verätzen kann. Auch lautes und böses Schimpfen oder Schläge sind nicht die richtigen Vorgehensweisen, um die Stubenreinheit bei dem Berner zu erziehen. Vielmehr schlägt es ins Gegenteil um. Er wird sich zukünftig kaum noch trauen, sich in der Gegenwart seiner Bezugsperson zu lösen und sich unter Umständen andere Verstecke – im Haus oder Garten – suchen. Eine nicht so schöne Vorstellung oder?

## Leinenführigkeit beim Berner Sennenhund

Entsprechend wie beim Lernen des Kommandos „Komm", kann man auch bei der Leinenführigkeit seinem Welpen sofort das richtige Verhalten beibringen. Das ist nicht so schwer, wie manche Hundebesitzer denken und das Zerren wird von Anfang an unterbunden.

Zu Beginn, wenn der Berner noch klein und süß ist, lässt man das Zerren gerne durchgehen, noch ist es nicht so stark und der Kleine muss ja auch die Umgebung erkunden. In den meisten Fällen gehen die Menschen einfach hinterher, auch wenn das kleine Ungetüm das Tempo erhöht und die Leine straff wird. Doch genau das ist falsch! Warum? Weil der süße, tolpatschige Welpe lernt, wenn er etwas entdeckt hat, was ihn interessiert, muss er nur kräftig genug an der Leine zerren. Prima – klappt ja!

Doch man sollte sich immer vor Augen halten, dass der kleine Berner auch mal in absehbarer Zeit ein schwerer, um die 50 kg großer Hund wird. Dann wird aus einem angedachten, entspannten Spaziergang eine „Stressrunde" und dass möchte man gewiss nicht sich und seinem Hund antun. Vor allem in Hinblick auf die Leinenführigkeit ist eine durchgreifende Konsequenz dringend nötig. Ist man jedoch inkonsequent, wird es darauf hinauslaufen, dass der Welpe sich verinnerlicht, dass er nur ausdauernd und stur genug sein muss, wenn er die Richtung wechseln möchte.

## Brustgeschirr und Halsband als Hilfsmittel

Das Brustgeschirr kommt dann zum Einsatz, wenn man nur wenig Zeit oder Lust hat, auf Konsequenz zu achten. Die Leine wird am Geschirr befestigt und wenn der Welpe mal zieht, kann man ihn auch gut zurücknehmen. Anders ist es bei dem Halsband, denn sobald er an der Leine zieht und sie straff ist, bewegt man sich keinen Zentimeter mehr vorwärts. Der Welpe wird den Unterschied ganz klar bemerken. Der Vorteil ist, dass der Besitzer nun ganz entspannt mit seinem Welpen üben kann.
Wichtig ist nur darauf zu achten, dass man nicht den Welpen mit einem Ruck zurückzieht. Dabei lernt der Welpe überhaupt nichts.

Für seine Gesundheit ist dies aber schädlich, da der Kehlkopf eingedrückt und die Wirbelsäule geschädigt wird.

**Die „Bei Fuß" Methode**

Bei dieser Methode lernt der kleine Berner, neben seiner Bezugsperson herzugehen. Die Leine ist dabei immer locker. Zuerst nimmt man ein Leckerchen, legt es auf den Boden und zeigt es dann dem Welpen. Während er sich am Leckerchen erfreut, geht man ein paar Schritte vorwärts, so wie die Leine es zulässt. Wenn der Welpe nun losläuft und neben einem steht, lobt man ihn ganz feste und legt erneut ein Leckerchen hin. Diese Übung wird so lange wiederholt, bis der Welpe automatisch neben einem stehen bleibt. Gemeinsam geht man nun zwei, drei Schritte voran und lobt ihn dann wieder.

Diese Methode ist entscheidend beim Training der Leinenführigkeit. Wird die Leine straff, bleibt man unverzüglich stehen und bewegt sich nicht mehr vorwärts. Man wird nicht den Berner herlocken, ihn schimpfen, wird nicht sauer und schon gar nicht ruckt und zerrt man an der Leine. Nur einfach stehenbleiben und abwarten. Hat sich der Welpe dazu entschlossen, die Leine etwas locker zu lassen, wartet man noch ein wenig. Es ist bedeutsam, dass er sich zu seinem Menschen hin orientiert. Im besten Fall kommt er auf einen zu. Erst dann geht man weiter.

## Der Richtungswechsel

Der niedliche Berner Sennenhund ist angekommen und nun beginnt die Erziehung. Neigt der Berner allerdings dazu, nur zu ziehen, damit er möglichst schnell einen bestimmten Zielpunkt erreicht (sein Zuhause) oder er zu einem anderen Menschen oder einem Artgenossen möchte, dann lohnt es sich, auf diese Art und Weise zu arbeiten. Vom Prinzip her ist es einfach: Der Welpe fängt an und zieht an der Leine dann geht man einfach in eine andere Richtung. Danach geht man in einem Bogen wieder in die ursprüngliche Richtung. Sobald sich die Leine wieder strafft, beginnt man von vorne und leitet den Richtungswechsel ein. Bei jedem Mal, wenn sich die Leine strafft, vergrößert man die Entfernung zum Zielpunkt. Bleibt hingegen die Leine locker, darf man ruhig schnellen Schrittes zum Zielpunkt gehen. Immer wieder darauf achten, dass bei einem Richtungswechsel der Welpe nicht ruckartig hinterher gezogen wird.

## Wie verhält man sich, wenn der junge Berner Sennenhund zum Rüpel an der Leine wird?

Manch ein Hundehalter wird das kennen: Der Hund zieht an der Leine, macht Radau und bellt sich die Seele aus dem Leib. Es ist ein anderer Hund vorbeigegangen. Hat ein junger oder pubertierender Berner eine derartige Leinenaggression, macht es keinen Spaß mehr spazieren zu gehen, denn es ist eine Belastungsprobe, äußerst stressig und die körperliche Anstrengung ist auch nicht zu verachten. Bäumt sich ein so starker und großer Hund auf, kann das mitunter schon gefährlich werden.

Es gibt unterschiedliche Gründe, warum sich ein Hund derart aggressiv verhält:

1) Der Hund leidet unter Stress; nicht nur beim Spazierengehen, unter Umständen auch in der gewohnten Umgebung.

2) Der Berner ist **nicht genügend ausgelastet und** überschüssige Energie entlädt sich.

3) Der Berner hat das Gefühl seinen Menschen beschützen zu müssen. Die **Rangordnung** ist nicht zwischen Mensch und Hund geklärt.

4) **Unsicherheit und Angst** können Leinenaggression auslösen.

5) Es können gesundheitliche Probleme dahinterstecken. **Schmerzen** können oftmals Auslöser für Aggression sein.

6) Es handelt sich um eine **territoriale** Aggression.

## Was kann man dagegen tun, damit der Berner nicht mehr so aggressiv an der Leine ist?

Erstmal sollte man selber ruhig bleiben und die eigene Unsicherheit nicht auf den Hund übertragen. Das würde ihn in seinem aggressiven Verhalten noch bestärken. Weiß man, dass sein Berner dazu neigt, sollte man ein Brustgeschirr verwenden, da Halsbänder starken Druck auf den Halsbereich ausüben und es zur Atemnot kommen kann. Ein negatives Gefühl für den Hund, was die Aggressivität noch verstärken kann. Wichtig ist es auch, den Berner auf die andere Seite zu nehmen, wenn ein anderer Hund einem entgegenkommt. So behält man die Kontrolle und dient sozusagen als Puffer zwischen dem eigenen Hund und dem Artgenossen. Eine weitere Möglichkeit ist es, die Straßenseite zu wechseln, um so noch einen größeren Abstand zum anderen Hund zu haben. Auch ein begehrtes Spielzeug oder ein Leckerchen können zur Ablenkung dienen, denn die werden dem Berner in sein Maul gegeben, während der andere Artgenosse vorbeiläuft.

Das Klickertraining ist nicht umsonst so beliebt: Es kann genau im richtigen Moment eingesetzt werden. Das Klickern sollte dann erfolgen, wenn sich der Berner gerade in Position bringen will oder er schon den anderen Hund anvisiert. Das Wort „Schau" ist genau der passende Befehl, damit der Berner zu einem herüberschaut, wenn sich die Hunde begegnen. Ist er dem Kommando brav gefolgt, wird er sofort durch den Klicker und ein Leckerchen belohnt. Zusätzlich kann man seinen Hund auch noch sitzen lassen. Perfekt wird es dann, wenn der Hund bei dem Kommando „Schau und Sitz" ein angenehmes Gefühl verknüpft und er weiß, dass er dafür belohnt wird. Hundeschulen können aber auch in solchen Situationen unterstützend eingreifen. Ist man als Hundebesitzer unsicher und weiß nicht, wie man seinem Berner Sennenhund die Leinenaggressivität abgewöhnen kann, macht es durchaus Sinn, sich von einem Fachmann/Fachfrau beraten zu lassen und Hilfe einzufordern. Die Fachleute werden auch den eigentlichen Grund für diese Aggressionen finden.

## Dem Berner Sennenhund beibringen, dass er auch mal alleine zu Hause bleiben muss.

Eine Sache sollte man seinem jungen Berner Sennenhund-Welpen beibringen: Alleine zu bleiben! Es ist für einen Berner sehr schlimm, doch es wird immer mal wieder Situationen geben, in denen er alleine bleiben muss, auch wenn er seine Familie schmerzlich vermisst.

Es gibt Hunde, die sehr darunter leiden, wenn man sich die Schuhe und den Mantel/Jacke anzieht, die Handtasche nimmt und den Haustürschlüssel einsteckt. Der Berner ist ja klug und weiß, dass es Anzeichen dafür sind, dass er alleine bleiben muss. Man kann ihm aber diese Angst nehmen, indem man öfter mal zur Jacke oder den Schuhen greift und sie anzieht ohne dabei aus der Haustüre zu gehen. Hat der Berner verstanden, dass sein Mensch nicht wirklich das Haus verlässt, bedeuten diese Aktionen auch nicht mehr Stress für ihn.

Unvorhergesehene Gegebenheiten können einen Besitzer dazu zwingen, dass er sein Hund alleine lassen muss, daher ist es durchaus auch sinnvoll, dieses Alleinsein immer mal wieder zu üben. Zunächst wird man mit einer kleinen Zeitspanne von einigen Minuten beginnen und von Mal zu Mal die Abwesenheit steigern. Für den jungen Welpen wird es etwas einfacher, wenn man vor der geplanten Abwesenheit sich für ungefähr eine halbe Stunde nicht mehr um ihn kümmert. Kehrt man zurück nach Hause – auch wenn man nur wenige Minuten weg war – wird der Berner einen voller Freude begrüßen. Ist der „Begrüßungsansturm" vorüber, muss der kleine Berner für das Warten und Alleinsein gelobt werden. Der Hundehalter sollte definitiv davon Abstand nehmen und seinen Hund nicht bestrafen, wenn er in der Wartezeit etwas kaputt gemacht hat oder er durch Bellen oder Jaulen bei den Nachbarn aufgefallen ist.

Möchte man herausfinden, was der kleine Berner während der Abwesenheit alles so anstellt, kann man eine Webcam installieren beziehungsweise auf einem Schrank aufstellen. Dadurch hat man die Möglichkeit ihn zu beobachten und findet heraus, ob er ruhig ist und sich in sein Körbchen legt, oder er nervös durch die Zimmer streift oder anderen Unfug anstellt. Dem Berner Sennenhund kann das Alleinsein auch erleichtert werden, indem er vor einer geplanten Abwesenheit genügend ausgelastet wird (körperlich wie auch geistig) und er die ganze Aufmerksamkeit bekommt. In der Zeit des Alleinseins macht es Sinn, ihn mit seinem Lieblingsspielzeug die Zeit zu versüßen.

## Wie lange sollte/darf ein Berner Sennenhund-Welpe alleine zu Hause bleiben?

Ganz klar ist eigentlich, dass sehr junge Welpen, die erst gerade in ihrem neuen Zuhause angekommen sind, nicht sofort wieder alleingelassen werden sollten. Das kann Ängste in dem Kleinen auslösen und in ihm ein seelisches Trauma auslösen. Züchter und Fachleute raten immer dazu, dass die neuen Besitzer einen Teil ihres Jahresurlaubes nehmen, um den kleinen Berner Sennenhund zu betreuen. Nach einigen Wochen können dann schon mal kleine Zeitspannen genutzt werden, damit der Berner sich an das Alleinsein gewöhnt.

Allerdings sollte diese Abwesenheit nicht länger als vier bis fünf Stunden an einem Stück dauern. Ist man als neuer Besitzer Vollzeit Berufstätig, sollte man sich vorab um einen Hundesitter bemühen, aber man kann auch in Erwägung ziehen, einen Platz in einer Hundekrippe zu bekommen. Denn acht Stunden alleine sein ist für so einen großen Hund keine Freude. Im Grunde genommen ist es auch gar nicht artgerecht, einen Berner Sennenhund für mehrere Stunden alleine zu lassen. Abgesehen von der Einsamkeit hat er nicht die Möglichkeit, sich zu lösen und mal herumzulaufen oder sich auszutoben. Am besten aufgehoben ist der Berner natürlich auf einem Bauernhof oder Haus auf dem Land, wo sich mit Sicherheit auch mehr Menschen täglich bewegen, als nur eine Bezugsperson.

# Die Hundeschule für den Berner Sennenhund

Grundsätzlich ist jeder vernünftige Mensch in der Lage, den eigenen Hund zu erziehen. Für diejenigen, die zum ersten Mal einen Hund haben, gibt es Unterstützung in Form von Ratgebern, Hundetrainern oder auch jede Menge Hundevereinen. Es versteht sich von selbst, dass man sich im Vorfeld des Hundekaufs in die verschiedenen Themengebiete einarbeitet und sich vorher für eine Rasse entscheidet sowie ihre Eigenarten kennenlernt.

Berner Sennenhunde lassen sich sehr gut und verhältnismäßig leicht erziehen, da sie intelligent und sehr lernfähig sind. Doch Menschen, die zum ersten Mal einen Hund haben, können auch in der Erziehung einiges falsch machen. Zu den größten Fehlern, die man machen kann, gehören: Inkonsequenz, übermäßige Strenge, unangemessene Bestrafung und ein Lob an falscher Stelle.

Wer sich eine Erziehung alleine nicht zutraut und lieber einen Experten an seiner Seite haben möchte, der kann sich mit seinem Berner-Welpen an eine Hundeschule wenden. Die meisten Hundeschulen bieten auch spezielle Welpenkurse an. Nur sollte darauf geachtet werden, dass nicht gleich die erstbeste Hundeschule ausgewählt wird. Hier muss sehr auf die Qualität geachtet werden. Jede Hundeschule arbeitet anders, bietet andere Kurse an und nicht immer passt der Arbeitsstil auch zu einem.

Leider ist der Beruf des „Hundetrainers" nicht geschützt. Das heißt, es kann jeder ein Gewerbe anmelden und sofort loslegen, auch wenn er sich unter Umständen überhaupt nicht mit Hunden auskennt. Wichtig ist, dass man sich die Vita des Hundetrainers genau anschaut, nachfragt welche Ausbildung er absolviert hat und ob an Weiterbildungen teilgenommen wurde. Schulen, die eine gute Referenz haben, werden kein Problem damit haben ihre Unterlagen offenzulegen. Vorsicht ist nur dann geboten, wenn sich gar keine Hinweise auf Ausbildung oder Weiterbildungen finden lassen.

Im besten Fall wird einem eine Hundeschule aus dem Bekannten- oder Freundeskreis weiterempfohlen. Aber selbst wenn die Bekannten nur gut über die Schule sprechen und begeistert sind, muss das noch lange nicht heißen, dass es die richtige Schule auch für einen selber und den Berner ist. Ist der erste Eindruck gut und die Hundetrainer sind angenehm und wirken kompetent, darf ruhig eine Probestunde vereinbart werden.

Seriöse Hundeschulen bieten dies oftmals auch an. Danach kann dann eine Entscheidung fallen. Die Hundeschulen haben den Vorteil, dass einem ein Experte in Sachen Hundeerziehung zur Seite steht und man so den eigenen Hund besser verstehen lernt. Die Trainer vermitteln einem die wichtigsten Befehle und zeigen, wie der Hund/Welpe richtig reagiert. Gerade Hundeanfänger, die zum ersten Mal einen Hund haben, erhalten in einer Schule die notwendige Sicherheit im Handling ihres Hundes. Theorie und Praxis unterscheiden sich ganz deutlich, denn hat man sämtliche Literatur durchgearbeitet und versteht den Sinn und Zweck dahinter, bedeutet das aber noch lange nicht, dass in der Praxis alles von alleine klappt. Jedes Tier hat seinen eigenen (Stur)Kopf, lernt schnell oder auch manchmal langsamer. Ein Außenstehender hat häufig den besseren Blick für die Dinge, die nicht so klappen, wie man es sich vorstellt. Fühlt man sich wohl und nimmt auch mal Kritik gerne an, ist eine Hundeschule in jedem Fall dann eine gute Bereicherung. Auch für die Hundebesitzer, die bislang an den Versuchen, ihren Welpen zu erziehen, gescheitert sind, ist eine Hundeschule der sogenannte „letzte Strohhalm".

Manch einer mag sich fragen, ob es nicht übertrieben ist, mit einem kleinen, süßen Berner-Welpen in die Hundeschule zu gehen. Es ist keinesfalls übertrieben! Auch wenn der Hund noch so klein und süß ist, muss er trotzdem Gehorsam lernen und den Kommandos seines Herrchens folgen. Irgendwann ist er nicht mehr klein, sondern groß und über 50 kg schwer. Denn auch der Hundehalter muss sich zu einhundert Prozent darauf verlassen, dass sein Hund im Ernstfall sofort auf die Befehle reagiert. Angefangen von harmlosen Begegnungen mit anderen Hunden, was sich aber zu einem Streit entwickeln kann oder wenn der Hund sich losreißt und blind drauflos rennt. Die Hundeschule ist auch gut für die Sozialisierung des Welpen oder jungen Hundes. Er muss sich nämlich ohne „Wenn und Aber" mit den vielen anderen Hunden ins Benehmen setzten. Für den Berner Sennenhund ist das aber eigentlich kein Problem.

Manche Hunde haben aber auch wirklich Spaß in der Hundeschule, da sie eine gewisse Zeit mit den anderen Tieren spielen können und auch Freundschaften schließen. Da in den letzten Jahren die „Welpenschulen" enorm zugenommen haben, raten doch einige Experten davon ab, sich dort anzumelden.

Hintergrund ist der, dass die Kleinen langsamer lernen und sich womöglich ein raueres Spielverhalten aneignen, was sie zu Hause dann auch anwenden. Hundeschulen haben aber auch so manche Nachteile: Natürlich muss man sie bezahlen und die Zeiten, in denen man kommen darf, sind vorgeschrieben. Außerdem kann es unangenehm werden, wenn andere Hundebesitzer in der Gruppe sind, mit denen man sich nicht unbedingt versteht. Dennoch ist es ein Versuch wert, sich an eine Schule zu wenden, wenn man professionelle Hilfe benötigt und der Sache gegenüber aufgeschlossen ist.

## Die Welpenspielstunde

Die jungen Hunde sollten eine gute Prägung beim neuen Besitzer bekommen haben. Das bedeutet, dass sie mit ihrem neuen Halter vertraut sein müssen sowie die Wohnung oder das Haus und den Garten gut kennen. Schon in den ersten Wochen im neuen Zuhause haben sie gelernt, auf Zuruf zu kommen und haben ein Urvertrauen zum neuen Herrchen gewonnen. Der Berner ist in dieser prägenden Phase noch sehr neugierig und vertrauensselig. Die Voraussetzungen für eine gute Beziehung zwischen dem Welpen beziehungsweise Junghund und dem Besitzer sind eine starke Bindung, z.B. durch Schlafen des Hundes im Schlafzimmers, und ein freudiges Begrüßen und Spielen mit seiner Bezugsperson. Strenge und Disziplinierungen in diesem Alter sind völlig unangebracht. Die Grundlagen für ein stressfreies Zusammenleben werden in der Zeit von der achten Woche bis zur zwanzigsten Woche gelegt. Gute Welpenprägetage geben dem jungen Welpen das, was im Normalfall bei dem Hundebesitzer nicht zu finden ist: Gleichaltrige Spielgenossen und spaßbringendes sowie spielerisches Lernen.

Doch bitte Vorsicht! Bevor Sie sich mit ihrem Welpen in eine Spielstunde begeben, schauen Sie sich diese erst einmal ohne ihren Hund an. Beobachten Sie die anderen Welpen, die Hundebesitzer und die Ausbilder. Leider kann man auch bei solchen Spielstunden immer wieder sehen, wie manche Hundehalter ihren Welpen hinter sich herziehen, durch den Tunnel schubsen oder versuchen, mit Gewalt den kleinen Zwerg über den Laufsteg zu zerren – und keiner sagt etwas dazu. Die meisten Hundeschulen oder Vereine bieten Welpenspielstunden an und es wird als normal empfunden, dass nicht alle Besitzer die Fähigkeiten haben, einen Hund zu halten. Doch der überwiegende Teil der Hundehalter hat Erfahrungen in der Erziehung und Haltung dieser speziellen Hunderasse.

**Die Körpersprache des Welpen erkennen und daraus lernen.**

In der Hundewelt kommunizieren die Welpen von Beginn an durch ihre Körpersprache untereinander. Hierzu gehören die Mimik, die Körperhaltung, der Geruch des jeweils anderen Welpen und die Geräusche, die sie machen. Allgemein nutzen Hunde ihr Maul, die Augen und Ohren sowie die Rute, um ihren Gefühlen Ausdruck zu verleihen. Sie sind, im Gegensatz zu manch anderem Tier, bestens in der Lage, ebenfalls gut mit dem Menschen zu kommunizieren. Der Welpe wird seine Bezugsperson als Teil seines Rudels realisieren und dadurch schnell lernen, die Stimmungen und Intentionen zu erkennen.

# Der am häufigsten gemachte Fehler in der Welpenerziehung.

Wenn der Hund ein Verhalten zeigt, das ängstlich oder aggressiv ist oder aber diese unbekannte Situation den Hund überfordert, so meinen die meisten, sie müssten nun den jungen und verängstigten Hund streicheln, um somit die Angst oder das aggressive Verhalten abzubauen. Aber das ist ganz falsch! Es ist falsch, weil der Hund dieses nun als Belobigung für sein ängstliches oder aggressives Verhalten versteht und dadurch noch ängstlicher wird. Grundsätzlich gilt: ängstliches und/oder aggressives Verhalten werden weder belohnt noch verboten, sondern einfach ignoriert. Sehr schnell kann dies nämlich wirklich zu einem riesigen Problem werden.

# Worauf man bei der Erziehung achten muss.

## Wo beginnt man am besten?

Um es einem Welpen möglichst leicht zu machen, sollte man mit dem Training immer in einer vertrauten Umgebung beginnen, die sehr reizarm ist. Den Schwierigkeitsgrad sollte man sehr langsam anpassen. So werden die Erfolgserlebnisse am besten gesteigert. Hinzu kommt, dass der richtige Zeitpunkt ein weiterer, wichtiger Aspekt ist. **Achtung:** Die ersten zwei Sekunden sind für ein positives Verhalten ausschlaggebend, denn der Welpe verbindet nur dann sein Benehmen mit einer Belohnung als gewünschtes Verhalten.

Eine Belohnung sollte und muss nicht jedes Mal durch Leckerchen erfolgen. Ein verbales „Prima" reicht schon aus oder ein kleines Spiel mit dem Welpen bedeutet für ihn auch eine Belohnung.

Welche Art der Belohnung man letztendlich für den Welpen nutzt, findet man am besten über das Ausprobieren heraus. Auch

Variationen aus Leckerchen, lobenden Worten oder kurzen Spielen ist denkbar. Hauptsache der kleine Hund wartet aufmerksam auf das nächste Kommando. Ein Nachteil bei dem Lob mit Leckerchen ist der, dass der Welpe sie unter Umständen einfach „satt" hat und nicht mehr annimmt. Hier muss man ausprobieren, welche anderen Sorten er mag oder ob es überhaupt Sinn macht, ihn mit Leckerchen zu loben. Wichtig ist, dass er mit der Art des Lobens sein gutes Verhalten verknüpfen kann.

Anfangs macht es durchaus Sinn, neue Kommandos mit Leckereien zu üben. Sobald der Welpe dies aber gut beherrscht, kann man nach und nach darauf verzichten und nur noch mit Stimme, Mimik und einem Spiel loben. Arbeitet man jedoch viel mit Leckerchen, muss darauf geachtet werden, dass das Hauptfutter reduziert wird, um so ein Übergewicht bei dem Welpen zu vermeiden. Wichtig ist auch, dass genügend Ruhepausen eingehalten werden. Das neu Gelernte muss sich erst einmal verinnerlichen, um für den Welpen jederzeit abrufbar zu sein.

## Das Kommando „Komm oder Hierhin"

Es ist der wichtigste Befehl überhaupt für alle Hunde. Das Tier muss aus jeder möglichen Situation sofort abrufbar sein. Gerade im Welpenalter ist es sehr einfach, dieses Kommando zu üben, da der Welpe noch sehr auf seine Bezugsperson bezogen ist und ihm schnell folgen wird. Wie bei jeder Übung ist auch das Timing wichtig. Daher sollte man den jungen Hund nur zu sich rufen, wenn man sich sicher ist, dass er auch zu einem kommt und er nicht gerade mit einer Sache intensiv beschäftigt ist. Ist der richtige Augenblick da, ruft man den Namen seines Hundes und ermutigt ihn dazu, zu einem zu kommen. Dies kann durch einen besonderen Laut sein, durch Klatschen in die Hände, indem man ein Spielzeug zeigt oder auch indem man sich umdreht und weggeht. Man muss ausprobieren, worauf der Welpe am besten reagiert.

Sobald der Welpe sich „auf den Weg macht" und zu einem kommt, benutzt man das Kommando „Komm" oder „Hierhin". Ist er dann freudig angekommen, wird er überschwänglich und mit einer freundlichen Stimme gelobt. Zu Beginn sollte dieser Befehl mit einem sehr schönen Erlebnis verbunden sein, z.B. eine tolle Belohnung, ein kurzes Spiel oder ein besonderes Leckerchen. Damit erreicht man, dass der Welpe auch dann zu einem kommt, wenn er eigentlich auf eine andere Sache fixiert ist.

Und dass ist auch der Grund, dass man auf gar keinen Fall schimpfen sollte, wenn er kommt. Auch dann nicht, wenn er die ersten zwanzig Mal nicht gehört hat. Beginnen sollte man mit diesem Befehl in einer Umgebung, in der es sehr wenige Reize für den Welpen gibt.

Nach einiger Zeit kann dann das Niveau und die Ablenkung gesteigert werden. Berner Sennenhunde gelten als sehr menschenbezogen, freundlich und haben ein ausgeglichenes Wesen. Durch ihre extrem hohe Reizschwelle sind sie geduldig und lassen vieles zu, auf ihre Umwelt reagieren sie in der Regel sehr gelassen. Doch wie bei allen Hunden ist eine gute Erziehung das A und O. Die Berner sind sture Tiere, was an ihrem Selbstvertrauen liegen kann und sie lernen die Grundkommandos auch nur dann, wenn sie es möchten. Bleibt man jedoch mit Konsequenz und Motivation in der Erziehung dran, sind sie auch leicht zu erziehen. Glücklicherweise haben die Berner Sennenhunde keinen ausgeprägten Jagdtrieb und herumstreunen liegt auch nicht in ihren Genen. Aufpassen muss man nur, wenn sich ein fremder Rüde im Revier befindet, denn dann kann der eigene Rüde unbequem werden.

## Klare Regeln für Berner Sennenhund-Welpen

Berner-Welpen brauchen, wie im Grunde alle Hunde, ganz klare Regeln und kurze Ansagen. Zu lange Befehlssätze verwirren den Hund nur. Man sieht es an den kurzen und prägnanten Befehlen wie „Sitz, Platz und Fuß", die sich seit sehr langer Zeit bewährt haben.

Das Lernen der Grundkommandos ist überaus wichtig für das zukünftige Zusammenleben mit einem Hund und auch wie er mit anderen Tieren und Menschen umgehen wird. Natürlich wird es nicht auf Anhieb gelingen, aber dranzubleiben lohnt sich und bringt auch Sicherheit für Mensch und Hund. Mit dem Kommando „Platz" verhilft man dem Hund und sich selber zur Ruhe. Im Idealfall wird der Welpe beziehungsweise der Junghund in seinem Körbchen oder seiner Decke bleiben und man hat Zeit für andere Dinge. Die Grundkommandos sind also dafür da, dass das Zusammenleben für beide Seiten erleichtert wird.

Falsch ist es, sofort aufzugeben, wenn die Welpen nicht direkt das machen, was man von ihnen verlangt oder erhofft. Jeder Hund hat einen anderen Charakter und lernt auf seine Art und Weise, wobei ja die Berner Sennenhunde sehr schlaue Tiere sind, die schnell verstehen und umsetzen können. Bringt man in der ersten Zeit viel Geduld auf wenn die Hunde lernen, wird sich das in den folgenden Jahren auszahlen und der Spaß und die Freude wird überwiegen.

## So lernt der Berner-Welpe das Kommando „Platz!":

- Hat sich der kleine Berner auf sein Plätzchen oder Decke niedergelassen, kann man ihn streicheln und dabei immer wieder „Platz" sagen. So verbindet er das Wort „Platz" mit einem positiven Erlebnis.
- Sobald man merkt, dass der Welpe müde ist, wird er zu seinem Körbchen gelockt, z.B. mit einem Leckerchen. Legt er sich in das Körbchen hinein, wiederholt man das Wort „Platz".
- Hat man diese Übung einige Zeit wiederholt, kann man im nächsten Schritt versuchen, allein durch das Aussprechen des Wortes „Platz" den Welpen auf seine Decke oder in sein Körbchen zu schicken. Geschieht dies ohne weitere Probleme, dann ist ein dickes Lob fällig.

## Das Kommando „Sitz!" ist auch schon für die Kleinen wichtig.

Auch die kleinen Berner-Welpen müssen das Kommando „Sitz" lernen (je früher, desto besser). Doch der Befehl „Sitz" dient nicht nur dazu, um den Mitmenschen zu zeigen, was der eigene Hund schon alles kann. Dieses Grundkommando ist dafür gedacht, dass der Hund eine sichere Position einnimmt und beispielsweise an Ort und Stelle auf seinen Menschen warten kann. Er lernt, in sich zu ruhen und er wird kein Risikofaktor, indem er einfach nur herumläuft und gegebenenfalls andere Menschen belästigt oder im schlimmsten Fall auf die Straße läuft.

**So lernt der Welpe das Kommando „Sitz!":**

- Junge Welpen, die noch keine Erfahrung mit Lernübungen gemacht haben, verstehen die Kommandos „Sitz" und „Platz" sehr schnell.
- Für „Sitz" ein Leckerchen zwischen Daumen und Mittelfinger nehmen.
- Die Hand mit dem Leckerchen an seiner Nase nach oben vorbeiführen.
- Sobald das Gesäß in Richtung Boden geht, gibt man das Kommando „Sitz!".
- Setzt sich der Welpe hin und versucht dann aber sich auf die Hinterbeine zu stellen, muss das Verhalten mit einem scharfen „Nein" unterbunden werden.
- Hat sich der Welpe hingesetzt, erfolgt sofort die Belohnung.
- Nach einigen Übungseinheiten spricht man das Kommando „Sitz" ohne ein Leckerchen aus, da der Welpe nur auf das Handzeichen reagieren soll.

Mit dem Klopfen auf die eigenen Schenkel oder in die Hände klatschen wird dem Welpen signalisiert, dass er aufstehen und kommen darf. Wichtig ist auch zu beachten, dass während der Welpenerziehung nicht nur Konsequenz von Bedeutung ist, sondern auch ganz viel Ruhe. Es sollten niemals starke emotionale Gefühlsregungen gezeigt werden, nicht geschrien und vor allem keine Gewalt / Schläge angewandt werden.

## Eine paar Eckpunkte, die Sie in der Berner Sennenhund Erziehung berücksichtigen sollten.

Ist der neue, kleine Berner-Welpe in seinem neuen Zuhause angekommen, benötigt er erst einmal viel Ruhe und Schlaf. Vorrangig sollte er mit seinem neuen Heim vertraut gemacht werden. Vermeiden Sie in den ersten Wochen ihn mit auf Reisen zu nehmen oder viele Freunde und Bekannte einzuladen, um ihnen den neuen Mitbewohner vorzustellen, das wird ihn überfordern und schon ausreichend anstrengend für ihn sein. Der kleine Berner muss sich langsam an die neue Umgebung gewöhnen und das braucht gerade am Anfang Zeit und Geduld. Dennoch sollten Sie von Beginn an klare Regeln aufstellen, wie zum Beispiel ein festgelegter Schlafplatz. Bedenken Sie auch, dass der kleine Berner gerade erst von seinen Geschwistern und seiner Mutter getrennt wurde und er möglicherweise ab und an jault, um die Trennung zu verarbeiten. Sie können es ihm erleichtern, indem sie ihm eine Decken mit den Gerüchen von seinen Geschwistern ins Körbchen legen.

## Das Hundetraining – gleichzeitig Lernen und Spielen

Gerade bei jungen Hunden ist es wichtig, dass das Hundetraining spielerisch beginnt und sich von Mal zu Mal steigert. Dabei kommt es nicht auf ein schnelles Lernen an, sondern vielmehr ist hier Geduld und Zeit gefragt. Der richtige Umgang mit dem Welpen ist wichtig, da er sich nur dann gut entwickelt und sein Wesen und Charakter sich bestens entfalten. Haben Sie Fragen in der Erziehung, scheuen Sie sich nicht, einen Fachmann/Fachfrau zu Rate zu ziehen, bevor etwas in der Erziehung falsch läuft. Dann bringt auch die Erziehung viel Freude und Spaß.

**Den Berner Sennenhund stressfrei erziehen.**

Die grundlegende Erziehung eines Berners stellt manch einen Hundebesitzer anfangs vor große Herausforderungen. Es ist nicht nur die Sturheit, die einen auf die Geduldsprobe stellt, sondern auch, dass manche Welpen schneller lernen als andere. Darum ist es auch sehr von Bedeutung, dass ein Welpe beziehungsweise ein Junghund nicht überfordert wird. Es gibt aber auch noch andere Gründe, die für eine stressfreie Hundeerziehung sprechen, nämlich die, dass man sich keinen verunsicherten oder gar verängstigten Hund wünscht.

Einen Hund richtig zu erziehen ist manchmal schwieriger als gedacht. Gerade bei Berner Sennenhunden nimmt die Erziehung eine wichtige Rolle ein, denn der süße, tapsige Welpe verwandelt sich in kurzer Zeit zu einem großen Hund, der dann in die Pubertät kommt. Bis dahin sollte er einigermaßen erzogen sein. Vor allem die Rüden testen dann ihre Grenzen aus und beginnen mit den Machtspielchen.

## Der erwachsene Hund – Was sind die Besonderheiten dieser Rasse?

Die Berner Sennenhunde sind eine besondere Rasse. Sie vereinen Entschlossenheit, Mut, Stärke und Selbstvertrauen in einem liebevollen Wesen. Sie sind richtige „Bärlis" zum kuscheln und liebhaben. Nur wenige große Hunderassen eignen sich derart gut als Familienhund von ihrem Wesen her. Was ihn noch auszeichnet ist, dass er eine hohe Reizschwelle hat. Ihm wird nichts so schnell aus der Ruhe bringen, da er einen relativ geringen Jagdtrieb hat. Nur seine Tätigkeit als Wachhund lässt zu wünschen übrig, da er nämlich auf fremde Personen sehr freundlich reagiert. Auch bellt er nicht so viel (im Gegensatz zu dem Appenzeller Sennenhund).

## Wie viel Abwechslung brauchen die Berner Sennenhunde?

Man sollte sich nicht von seinem Äußeren täuschen lassen, wo er schwerfällig und träge wirkt. In Wirklichkeit braucht er die tägliche Bewegung und ist auch sehr lauffreudig. Der Berner liebt ausgiebige Sparziergänge über Stock und Stein. Auch Spiele, bei denen seine Intelligenz gefragt ist, mag er durchaus. Eher abzusehen sind von Hundesportarten, die für aktive Hunde gemacht sind und ein hohes Tempo innehaben, wie beispielsweise Agility. Auch Jogging oder Radfahren sind keine Sportarten, die er besonders gerne macht. Die Berner Sennenhunde sind wohl eher gemacht für die Arbeit als Rettungs- oder Zughund. Aufgrund seines dichten Fells ist im Sommer Obacht geboten. Damit der Berner nicht überhitzt, ist es also besser ihn im Haus zu lassen. Dort kann er sich ein schattiges Plätzchen suchen. Anders ist es im Winter, da läuft er zu Hochtouren auf, da er mit Schnee und Kälte bestens zurechtkommt. Ein Berner Sennenhund wird immer die Nähe zu seiner Familie oder seiner Bezugsperson suchen. Er braucht den engen Kontakt. Daher sollte man sich auch darüber im Klaren sein, dass er die ganze Aufmerksamkeit und Zuneigung haben möchte. Er sucht quasi das Zusammenleben und den körperlichen Kontakt, er liebt es wenn gekuschelt und gekrault wird.

Die Bewegungsfreiheit ist dem Berner Sennenhund heilig, deswegen braucht er sie auch in seinem heimischen Umfeld. Ein Bauern- oder Reiterhof oder zumindest größeres Haus mit einem entsprechend großen Auslauf/Garten sind für ihn geradezu perfekt. Menschen, die in einer kleinen Stadtwohnung leben, sollten von der Anschaffung eines Berners absehen. Er würde nur unglücklich werden.

**Drei Vorschläge für Intelligenzspiele:**

1) **Verstecken:** Ein Spielzeug oder Leckerchen im Haus oder Garten verstecken und den Berner danach suchen lassen.

2) **Aufräumen:** Dem Hund beibringen, dass er ein Spielzeug wieder in eine Kiste legen soll. Solange üben, bis er es nur durch Handzeichen versteht.

3) **Hütchenspiel:** Ein Leckerchen unter einem von drei Hütchen oder anderem Gegenstand verstecken. Der Hund schaut dabei zu. Die Hütchen verschieben. Der Hund soll nun das richtige Hütchen anzeigen. Klappt das nicht auf Anhieb, kann man die Geschwindigkeit beim Verschieben verringern.

## Worauf sollte man bei Kauf eines Berner Sennenhundes achten?

Hat man sich dafür entschieden, einen Berner zu kaufen, sollte man darauf achten, dass die Welpen bei der Abgabe idealerweise zwischen neun und elf Wochen alt sind. Wichtig ist natürlich in dem Zusammenhang auch die Auswahl des Züchters: Hat er einen professionellen Internetauftritt oder gibt es positive Bewertungen über ihn?

Generell ist darauf zu achten, dass ein Berner Sennenhund-Welpe in einem guten Allgemeinzustand ist. Hierunter fallen weiße Zähne sowie ein neugieriges und waches Verhalten. Rüden brauchen eine strengere Erziehung als Hündinnen, die sich leichter unterordnen. Wird die Erziehung beharrlich, aber liebevoll durchgeführt, kann aus dem Berner-Welpen ein prachtvoller, liebenswerter und treuer Begleiter für eine lange Zeit werden.

# Ernährung, Gesundheit und Pflege

## Ernährung

Bevor endlich das neue Familienmitglied bei Ihnen einzieht, sollte natürlich schon die Grundausstattung vorhanden sein, aber Sie sollten sich auch noch Gedanken über die Ernährung des (noch) kleinen Hundes machen.

Das ist ein sehr umfangreiches Thema, bei dem es viel zu berücksichtigen gibt und wo man auch einiges falsch machen kann. Haben Sie sich einen seriösen Züchter ausgesucht, wird er Ihnen aber auch alle Fragen zur richtigen Ernährung beantworten können. Normalerweise wird er Ihnen auch einen ausführlichen Ernährungsplan mit an die Hand geben, an den Sie sich die ersten Wochen orientieren können. Im Idealfall bekommen Sie von ihm noch das bisherige Welpenfutter mit. So kann der Kleine sein gewohntes Futter eine Zeitlang weiter bekommen und sich nicht noch auf eine Futterumstellung einstellen. Das Welpenfutter ist immer gut auf die Bedürfnisse junger Welpen abgestimmt und versorgt sie optimal mit den nötigen Nährstoffen. Bedenken Sie bitte, dass Welpen und Junghunde noch andere Nährstoffe brauchen, als erwachsenen Hunde.

Besonders in der Wachstumsphase ist auf eine ausreichende Zufuhr von Kalzium und Phosphor zu achten, da sie für einen gesunden Skelettaufbau extrem wichtig sind. Doch auch hier ist Vorsicht geboten: Zuviel von beiden Mineralien kurbelt das Wachstum an und ist bei einer so großen Rasse wie der Berner Sennenhunde sehr schädlich.

Die Futterdosis sowie der Futterinhalt müssen also immer auf die persönlichen Bedürfnisse des Berners abgestimmt sein. Kennt man sich noch nicht so gut damit aus, z.B. als Hundeneuhalter, kann man sich mit dem behandelnden Tierarzt besprechen. Wird das Futter nach einiger Zeit dann gänzlich umgestellt, sollte man behutsam vorgehen, um Magenprobleme und Durchfälle zu vermeiden. Dazu geht man am besten hin und mischt zum gewohnten Futter immer eine kleine Handvoll neues Futter drunter. So kann sich der Körper gut an die neue Nahrung gewöhnen.

Damit ihr Berner Sennenhund kein Übergewicht ansetzt und dadurch gesundheitliche Probleme entstehen, ist es nicht nur wichtig, auf eine ausreichende Bewegung zu achten, sondern auch auf eine artgerechte und ausgewogene Ernährung. Diese besteht aus einer guten Mischung aus Fleisch (hoher Anteil), Gemüse und Obst. Mittlerweile werden auch sehr gute Nass- und Trockenfuttersorten angeboten, die Sie bedenkenlos verfüttern können. Eine andere Wahlmöglichkeit zu den schon fertigen Produkten ist das „Barfen", was sich bei vielen Hundehaltern schon durchgesetzt hat. Wer sich mit dem Barfen (Abkürzung für „Born-Again Raw Feeders" = Rohfütterung) auskennt, der kann seinen Berner Sennenhund auch auf diese Weise füttern.

Überwiegend wird hierbei frisches Fleisch, Fisch, Knochen und Innereien verfüttert. Hat man diese Ernährungsform in Betracht gezogen, sollte man allerdings vorher mit dem Tierarzt sprechen oder einen Tier-Ernährungsberater hinzuziehen. So können zum Beispiel Pellets aus Biomöhren die Pigmentierung des Fells fördern, sie sind auch gut für die Verdauung.

## Die Ernährungsarten im Vergleich

Neben dem bereits vorgestellten Trockenfutter gibt es auch andere Fütterungsarten. Ähnlich wie bei der Kastration scheiden sich auch hier die Geister. Am besten Sie schauen auch, was der Welpe bereits beim Züchter für Futter bekommen hat. Grundsätzlich unterscheidet man zwei Fütterungsarten, nämlich vorgefertigtes Futter und die Versorgung mit Frischfleisch (BARF). Das Fertigfutter gibt es als Nass- und als Trockenfutter. Beide Varianten haben Vor- und Nachteile.

### Vorteile Trockenfutter

Die einmal ermittelte und für gut befundene Menge bleibt konstant, solange Sie Ihre Hunderoutine wie die Intensität der Bewegung beibehalten.

- Es ist unkompliziert: Kaufen, füttern, fertig. Zusatz von Vitaminen und anderen Nahrungsergänzungsmitteln ist meistens nicht nötig.

- Transport und Lagerung sind denkbar einfach, auch im Urlaub.

- Man kann die Futterration auch unterwegs oder beim Sport geben, wenn sich der Hund seine Nahrung erarbeiten soll.

- Es hat eine lange Haltbarkeit.

- Hunde mit empfindlichem Magen werden durch die kleineren, aber nährstoffreichen Portionen geschont.

**Nachteile Trockenfutter**

- Die Zusammensetzung aus Fleisch und Füllstoffen wie Getreide ist bei jeder Sorte verschieden hoch.

- Die Zusammensetzung lässt sich nicht selbst überprüfen.

- Sie können nur schwer auf den individuellen Gesundheitszustand Ihres Hundes reagieren, z.B. wenn er Durchfall hat.

- Viele Sorten sind nicht nur mit Getreide gestreckt, sondern auch mit Zucker, künstlichen Aromen und Geschmackverstärkern versehen.

- Der Flüssigkeitsbedarf ist höher, dementsprechend müssen Hunde, die wenig trinken, dazu animiert werden.

- Trockenfutter kann im Magen aufquellen und deshalb unter ungünstigen Umständen zu einer Magendrehung führen, zu denen alle großen Hunde eine größere Neigung haben als kleinere.

**Vorteile Nassfutter**

- Es schmeckt nahezu allen Hunden.

- Nassfutter ist fast immer die günstigste Variante.

- Es ist einfach zu kaufen und einfach zu lagern.

- Nassfutter ist eine halbe Ewigkeit lang haltbar.

- Der Feuchtigkeitsanteil ist hoch.

- Hunde mit empfindlichem Gebiss können Nassfutter gut kauen.

- Es kann als Alleinfutter verwendet werden, d.h. sie müssen nichts zufüttern oder zugeben wie Vitamine, Spurenelemente etc.

**Nachteile Nassfutter**

- Die Zusammensetzung lässt sich nicht kontrollieren.

- Geschmacksverstärker und künstliche Aromen finden sich vermehrt im Nassfutter.

- Der Fleischanteil ist je nach Sorte unterschiedlich.

- Viele Hunde verweigern andere Sorten Futter, wenn sie einmal an eine Sorte gewöhnt sind.

- Ist Ihr Hund z.B. Allergiker, lässt sich die Zusammensetzung des Futters nicht individuell anpassen.

**Vorteile BARF**

- Das Futter ist frisch.

- Die meisten Hunde mögen frisches Fleisch.

- Sie haben die volle Kontrolle über das, was Ihr Hund frisst und können individuell anpassen, beispielsweise bei Trächtigkeit und vielen Krankheiten.

- Barfer kommen ohne Zusatz von Füllstoffen, Konservierungsstoffen oder künstlichen Aromen aus.

- Es gibt viel mehr Abwechslung auf dem Futterplan.

**Nachteile BARF**

- Barfen erfordert Information und Kenntnis, die Sie sich erarbeiten müssen. Anlesen oder ausgiebig im Barf Shop Ihres Vertrauens informieren ist Pflicht!

- Diese Fütterungsmethode ist zeitintensiv, da Sie frisches Gemüse raspeln oder kochen und jede Mahlzeit zusammengestellt wird.

- Die Kosten sind höher als beim durchschnittlichen Trocken- oder Nassfutter, sogar deutlich, wenn Sie günstiges Fertigfutter kaufen.

- Bei falscher Lagerung können sich eventuell vorhandene Keime ausbreiten.

Gleichgültig, für welche Methode Sie sich entscheiden, achten Sie auf jeden Fall auf einen hohen Fleischanteil und schauen Sie sich die Zusammensetzung genau an. Auch wenn Sie Testberichte lesen, achten Sie darauf, was getestet wurde. Wenn nur überprüft wird, ob die auf der Verpackung angegebene Zusammensetzung der Wahrheit entspricht, sagt die Note „sehr gut" noch nichts über die Qualität des Hundefutters aus.

Das einem Hund immer ausreichend frisches Wasser zur Verfügung steht, steht außer Frage! Eine falsche Ernährungsform hat schlechte Auswirkungen auf den treuen Gefährten. Hätten die Vierbeiner ein Mitspracherecht an dem Speiseplan, dann würde ganz bestimmt die ein oder andere leckere fettige Mahlzeit des Herrchens im Futternapf landen. Das natürliche Gefühl bestimmt nur noch wenig den Futterplan des Hundes. Die Hunde der heutigen Zeit sind schon daran gewöhnt, Käse, verschiedene Wurstsorten und Trockenfutter mit Geschmacks- und Zusatzstoffen zu verspeisen.

Fürsprecher des Barfens legen besonderen Wert auf die wertvollen Inhaltsstoffe, die sich im rohen Fleisch und Gemüse befinden und die durch das Kochen nicht mehr so einen gehaltvollen Nährwert haben. Sind Sie jedoch unsicher, wie Sie ihren Berner Sennenhund am besten ernähren können, sprechen Sie mit Ihrem Tierarzt oder Züchter, die Ihnen mit Sicherheit gute Ratschläge geben werden. Was und wie viel der Berner benötigt, ist auch in Abhängigkeit davon zu sehen, wie hoch sein Gewicht ist, wie alt er ist und wie seine täglichen Aktivitäten aussehen.

# Haltung und Pflege des Berner Sennenhundes

Außer der richtigen Ernährung gibt es im Hinblick auf die Pflege und Haltung des Berners noch einiges zu berücksichtigen, denn ein ausgewachsener Berner Sennenhund braucht hauptsächlich viel Platz. Wie schon erwähnt, ist ein Hof oder ein Haus mit einem entsprechenden Areal die beste Umgebung für ihn. Man sollte sich auch vergegenwärtigen, dass die kleinen Berner-Welpen in ihren ersten Monaten keine Treppen hinauf- oder hinabsteigen dürfen, das ist nämlich Gift für die noch nicht ausgereiften Gelenke. Ein Zugang, der ebenerdig gelegen ist, ist nicht nur in jungen Jahren ideal, auch später, wenn der Berner altersbedingt keine Treppen mehr gehen kann, trägt dies wesentlich zur Erleichterung bei. Sie werden ihn bestimmt nicht mit gut 50 kg die Treppe herauf- oder heruntertragen. Abgesehen von dem Gewicht wäre es viel zu gefährlich, mit dem Hund eventuell zu stürzen.

## Die Fellpflege

Sein dreifarbiges Fell ist kennzeichnend für den Berner Sennenhund. Sein Haarkleid ist schon relativ lang, aber bei den meisten Tieren glatt. Bei manchen Züchtungen ist es leicht gewellt. Die Grundfarbe ist schwarz, unterbrochen von einer weißen Zeichnung, die von der Stirn bis hin zur Brust verläuft. Auch die Pfoten und die Rutenspitze sind mit weißem Fell durchzogen. Die Läufe und Lefzen hingegen haben braun-rötliches Fell. Das Markante ist, dass sich über den Augen kleine bräunliche Stellen befinden. So kam er in früheren Jahren auch zu dem Namen „Vieräugler".

Damit der Berner auch sein wohliges Gefühl behält, ist die

Fellpflege wichtig, denn es gibt nichts Schlimmeres für einen Hund, wenn das Fell verfilzt ist und es juckt. Daher sollte wenigstens zwei- bis dreimal in der Woche das Fell gebürstet werden. So verhindert man Verfilzungen und das Fell bleibt glänzend. In der Zeit des Fellwechsels darf man ruhig täglich seinen Berner bürsten. Nicht zu vergessen sind auch Ohren, Augen, Zähne, Krallen und die Fußballen regelmäßig zu kontrollieren, denn die müssen auch ab und an gereinigt werden.

Doch Vorsicht beim Krallenschneiden: Hier besteht die Gefahr, dass man schnell in das lebende Gewebe schneidet und dem Hund starke Schmerzen verursacht. Bei Unsicherheit lieber einen Fachmann aufsuchen. Wenn Sie ihren Berner bürsten, kontrollieren Sie auch die Haut mit, dadurch können Sie Hautveränderungen (Knubbel oder Ausbeulungen) gut erkennen und ihr Tier beim Tierarzt vorstellen. Dieser wird dann entsprechende Untersuchungen vornehmen. Eine artgerechte Haltung und die regelmäßige Pflege ihres Berners trägt zur Gesundheit und zum Wohlbefinden bei und sorgt außerdem dafür, dass Sie und ihr Berner auf lange Sicht gesehen Freude miteinander haben werden.

## Allergiker sollten Berner Sennenhunde meiden.

Es gibt eine Menge Menschen, die unter einer Hundehaarallergie leiden. Vor allem sind es Hunde, die viele Haare verlieren und den Menschen dadurch ihre Probleme bereiten. Doch es sind nicht die Haare selbst, die eine Allergie auslösen, sondern vielmehr die Hautschuppen, die bei dem Haarausfall mit ausfallen. Berner Sennenhunde haben leider ein hohes Allergiepotential und sollten von Allergikern gemieden werden. Denn gerade bei einem Fellwechsel, wenn sich auch die dichte Unterwolle löst und der Hund täglich gebürstet werden muss, wäre es für Allergiker wahrscheinlich nicht auszuhalten.

# Typische Krankheiten

## Welche rassetypischen Krankheiten gibt es bei Berner Sennenhunden?

Leider gibt es, wie bei allen großen Hunderassen, bei den Berner Sennenhunden auch Krankheiten, die genetisch bedingt sind, wie zum Beispiel die Hüftdysplasie oder die Ellenbogendysplasie. Daher sollten sie auch, gerade in den ersten Lebensmonaten, keine Treppen steigen. Nachfolgend sind die rassetypischen Krankheiten kurz beschrieben.

## Die Hüftdysplasie

Eine Dysplasie ist eine Entwicklungsstörung in den Knochen, die bei großen Hunden oft vorkommt. Inwieweit sich eine Hüftdysplasie bei einem Hund entwickelt, hat jedoch nicht immer etwas mit einer genetischen Vorbelastung zu tun. Ist eine genetische Veranlagung für die Erkrankung ausgeschlossen worden, gibt es weitere Faktoren, die Auslöser sein können, wie zum Beispiel eine mangelhafte Ernährung oder eben harte und körperliche Arbeit. Bei Hunden, die an einer Hüftdysplasie erkrankt sind, ist das Problem, dass die Gelenkpfanne zu flach ist, um den Oberschenkelkopf richtig in der Pfanne zu halten.

Aufgrund dessen hat das Hüftgelenk einen großen Spielraum und es verliert mit der Zeit an Stabilität. Es führt zu einer Fehlbelastung, die wiederum dafür verantwortlich ist, dass der Gelenkknorpel entartet. Kapselentzündungen oder Knochenauflagerungen können die Folge sein und darüber hinaus noch eine schwere Arthrose verursachen.

Ist die Krankheit weit fortgeschritten, baut die Muskulatur immer mehr ab und es kommt zu einer großen Beeinträchtigung im Alltag des Hundes. Um festzustellen, ob ein Hund HD hat, kann der Tierarzt den Hund röntgen, hierzu wird das Tier narkotisiert und die Beine in die entsprechenden Positionen gestreckt.

## Die Ellenbogendysplasie

Die Ellenbogendysplasie (ED) ist eine chronische Erkrankung des Ellbogengelenks, die vermehrt auftritt bei Hunderassen, die schnell wachsen. Leider ist die Ellbogendysplasie vererblich. Das bedeutet, bei dem wachsenden Skelett treten Störungen in der Entwicklung auf. Aber auch Fehler in der Fütterung während der Welpen- und Junghundephase können die ED auslösen. Sie beginnt meistens bei jungen Hunden, die zwischen vier und acht Monaten alt sind und deren Wachstumsphase noch nicht gänzlich beendet ist. Sie geht einher mit einer Veränderung des Gelenks, was für die jungen Tiere sehr schmerzhaft ist. Die Bewegungsfreiheit des Ellbogens ist stark eingeschränkt. Ein frühes Anzeichen für die ED ist die sogenannte „Morgensteifigkeit" oder eine Steifigkeit nachdem die Hunde geruht haben. Die Krankheit geht langsam einher und wird die Hunde ein Leben lang begleiten. Wie schon weiter oben erwähnt, ist sie nicht heilbar, jedoch können die Schmerzen durch entsprechende Medikamente gelindert werden.

**Gelenkprobleme und Dysplasien vorbeugen**

1) Ein Berner Sennenhund braucht viel Auslauf, den er in einem großen Garten oder einem Hof hat. So bleibt er auch gelenkig.

2) Welpen haben einen erhöhten Nährstoffbedarf, damit das Knochenwachstum gut verläuft. In den ersten Monaten brauchen sie daher spezielles Welpenfutter.

3) Ein Welpe sollte sich nicht übermäßig anstrengen müssen und die Knochen schonen.

4) Hundeleitern oder Hundetreppen sind gute Helfer, um den Hund ohne größere Umstände ins Auto zu bekommen.

**Osteochondrosis Dissecans (Knochenerkrankung unterhalb des Gelenkknorpels)**

Leidet ein junger Berner unter der Krankheit OCD bedeutet das, dass das Knorpelgewebe sich nicht langsam verknöchert, sondern es weiterwächst. Der Knorpel verdickt sich zusehends und wird nicht mehr genügend mit Nährstoffen versorgt. Teile des Knorpels sterben ab. Anders als bei Knochen ist das Knorpelgewebe nicht durchblutet und dadurch ist die Zufuhr von Nährstoffen durch umliegendes Gewebe nur minimal möglich. Abgestorbene Knorpelstücke wandern im Gelenk umher und verursachen Schmerzen. Auslöser für die OCD können sein:

- Zu energiereiches Futter
- Überbelastung
- Verletzungen wie zum Beispiel eine Verstauchung
- Genetische Vorbelastung
- Gestörter Hormonhaushalt
- Übergewicht

Die OCD tritt hauptsächlich bei Junghunden im ersten Lebensjahr auf. Eine Heilung dieser Krankheit ist nicht möglich, aber die betroffenen Hunde können schmerzlindernd behandelt werden. Durch eine Röntgenaufnahme kann der Tierarzt feststellen, ob der junge Hund an der OCD erkrankt ist oder nicht und falls ja, wie weit sie fortgeschritten ist. Wird die OCD zu spät diagnostiziert und hat schon einen chronischen Zustand erreicht, sind die Schäden an den Gelenken nicht mehr zu heilen. Glück hat man dann, wenn sie frühzeitig erkannt wird, denn dann besteht die Möglichkeit, durch eine Umstellung der Ernährung und Bewegungseinschränkung (Leinenzwang) eine Verbesserung zu erreichen.

## Die Maligne Histiozytose (Tumorerkrankung)

Unter der Maligne Histiozytose versteht man eine Tumorerkrankung, die vererbbar ist und fast nur bei Berner Sennenhunden auftritt. Andere Hunderassen sind von dieser Erkrankung nur sehr selten betroffen.

Es gibt zwei Arten:

**kutane Histiozytose**

- Knoten- und Plaquebildung in der Haut
- Haarausfall

**disseminierte Histiozytose**

- Betroffen sind Leber, Lunge und Lymphknoten
- Atemprobleme
- Abgeschlagenheit
- Appetitlosigkeit und Gewichtsverlust

Die sogenannten „Fresszellen des Immunsystems" - die Histiozyten – entarten im Bindegewebe des Körpers. Hierdurch wachsen Tumore und bilden bösartige Metastasen aus, die sich in den Organen festsetzen und sie so schädigen. Leider führt diese Erkrankung auch zum Tod des Hundes. Veterinärmedizinisch gesehen gibt es keine Heilung, da Chemotherapie und Bestrahlung keine Wirkung zeigen. Durch Medikamente kann dem betroffenen Berner Sennenhund nur eine Linderung der Schmerzen verschaffen.

Doch die Züchter versuchen durch die Kreuzung mit anderen Hunderassen die hohe Anfälligkeit für diese Erkrankung bei den Bernern herabzusenken.

# Wo kann man den Berner Sennenhund einsetzen?

Berner Sennenhunde sind bekanntermaßen gut als Familienhunde geeignet, da sie sich sehr gut mit Kindern verstehen. Aufgrund ihrer Zuverlässigkeit, ihrer Stärke und dem enormen Arbeitswillen werden sie aber auch gerne als Zug- und Rettungshunde eingesetzt.

## Der Berner als Rettungshund

Der Berner Sennenhund ist prima dafür gemacht, als Rettungshund zu arbeiten. Dieser Hundesport umfasst gleich mehrere Bereiche, wie beispielsweise die Fährten- und Flächensuche, Mantrailing und Nasenarbeit.

Auch werden Übungen vorgenommen, um die Körperbeherrschung und das Gleichgewicht des Berners zu trainieren. Hier geht es hauptsächlich darum, verschiedenste Hindernisse zu überwinden, wie etwa eine Brücke, einen Tunnel oder anderweitige Hürden. Bei Agility geht es darum, einen Hindernisparcours mit Schnelligkeit zu durchlaufen. Bei der Ausbildung zum Rettungshund geht es vielmehr um die Geschicklichkeit, die exakte Ausführung und um Konzentration. Dem Berner Sennenhund macht es viel mehr Spaß, seine Intelligenz zu beweisen, als hoch aktiv unterwegs zu sein. Wegen seines Körperbaus müssen die Gelenke beim Berner geschont werden und schnelle Hundesportarten, wie Agility, Fly Ball oder Obedience kommen für ihn nicht in Frage, da die Verletzungsmöglichkeiten viel zu groß sind.

## Der Berner Sennenhund als Zughund

Sennenhunde wurden als Bauernhunde gezüchtet und ihre täglichen Aufgaben waren das Bewachen und Zusammentreiben von Vieherden. Die Bauern nutzten die Hunde auch dafür, dass sie Karren zogen, die mit Waren beladen waren. Bis heute hat sich diese „Sportart" gehalten. Es gibt unterschiedliche Disziplinen, bei denen der kräftige Berner Hunde- oder Bollerwagen ziehen muss. Zu beachten ist, dass das Zuggeschirr richtig sitzt und nicht an Brust und Schultern scheuert. Es sollte speziell für den Zughundesport angepasst werden. Durch einen falschen Sitz kann es an Körperstellen drücken oder einschnüren. Ist die Zuglast nicht gleichmäßig auf den Hundekörper verteilt, kann es Verletzungen geben. Dogtrekking (tagelange Wanderungen) ist auch eine Sportart, die der Berner liebt.

# Wissenswertes über den Berner Sennenhund

Leider gibt es auch „Schwachstellen", die der Berner Sennenhund hat: Er neigt dazu, zu sabbern und haart praktisch das ganze Jahr über. Wichtig zu wissen, ist auch, dass der große, starke Berner zu Ängsten neigt, sofern er kaum oder keinen Familienanschluss findet und zu oft allein gelassen wird. Diese Rasse braucht (mehr als manch andere Rasse) den Kontakt zu seinen Menschen. Er benötigt also ganz viel Nähe. Der Berner ist kein Hund für warme Regionen, in denen es überwiegend heiß ist. Wegen seines dichten Fells kämpft er mit Hitze und Wärme. Die Lebenserwartung des Berner Sennenhundes ist eher gering und er ist sehr anfällig für Erbkrankheiten. Nur wenige Berner werden zehn Jahre alt, aber sein liebevoller Charakter und sein wunderschönes Aussehen lassen die negativen Aspekte ein wenig in den Hintergrund wandern.

## Besonderheiten bei kurzhaarigen Berner Sennenhund-Welpen und dem erwachsenen Tier

Dieser Schweizer Hunderasse eignet sich nicht für Menschen, die sich zum ersten Mal einen Hund anschaffen wollen. Passende Halter sind Personen, die ein gutes Selbstvertrauen und Durchhaltevermögen haben, denn die Sennenhunde haben einen starken Charakter und einen ausgeprägten Dickkopf und brauchen manchmal eine strenge Hand. Kurzhaarige Berner Sennenhunde habe die Eigenart, dass sie einen auffallenden Eigensinn haben und den Drang, ihre Bezugsperson zu testen. Hinzu kommt, dass sie ein extremes Dominanzverhalten anderen Hunden gegenüber an den Tag legen. Zukünftige Halter eines Kurzhaarigen Berners sollten wissen, dass diese Rasse nicht unbedingt sehr verträglich mit anderen Tieren ist. Aber man kann schon die Welpen daran gewöhnen, mit anderen Artgenossen zu spielen und sie kennenzulernen. Die frühe Sozialisierung ist wichtig für die Welpen, da sie sich später nicht nur reserviert verhalten, sondern auch aggressiv werden können.

# Der Entlebucher Sennenhund

## Herkunft, Körperbau und Aussehen

Auch der Entlebucher Sennenhund kommt ursprünglich aus der Schweiz und wurde auch als Bauernhund gezüchtet. Das Entlebucher Tal in den Kantonen Luzern und Bern ist namensgebend für ihn. Erste Aufzeichnungen, die man über diese Rasse findet, gehen auf das Jahr 1889 zurück. Zu der Zeit wurde er noch „Entlibucherhund" genannt. Erst viel später hat sich dann die heutige Rasse „Entlebucher Sennenhund" entwickelt. Zu Beginn des 19. Jahrhunderts wurden die Sennenhunde noch unter einer Gruppe zusammengefasst. Besonders die Appenzeller und die Entlebucher konnte man damals kaum unterscheiden.

## Aussehen des Entlebucher Sennenhundes

Entlebucher Sennenhunde sind kleine bis mittelgroße und gut bemuskelte Hunde. Wie oben beschrieben, gehört er zu den Sennenhunden. Er ist aber in der heutigen Zeit sehr viel seltener bekannt, als beispielsweise der Berner Sennenhund, der sich großer Beliebtheit erfreut. Der Entlebucher Sennenhund ist die kleinste Rasse unter den insgesamt vier Sennenhund-Rassen.

Die Beine sind verhältnismäßig kurz im Vergleich zum Körper, doch er ist durchaus beweglich, geschickt und flink. Der Standard gebietet einige Vorschriften über Einzelheiten seiner Fellfärbung sowie der Beschaffenheit und Zeichnung des Fells. Vorgeschrieben ist, dass er glattes, anliegendes Stockhaar haben muss und die Dreifarbigkeit nicht fehlen darf. Die detailgenauen Beschreibungen gehen sogar soweit, dass bestimmt wird, wo die weißen Abzeichen sein dürfen und wo nicht. Allerdings wird sich wohl kaum ein Käufer derart auf diese Kriterien berufen und einen Züchter danach aussuchen, denn die Auswahl an den Entlebucher Sennenhunden ist eher klein gehalten und man sollte auch diese „wichtigen" Merkmale nicht so ernst nehmen. Viel wichtiger ist der Charakter und der gesundheitliche Zustand des Hundes. Der Entlebucher Sennenhund hat eine lange Rute, die meistens hängend getragen wird. Bei dem Appenzeller wird sie ja hingegen über dem Rücken getragen.

Die Widerristhöhe bei einem Entlebucher Rüden ist zwischen 44 cm bis 52 cm anzusiedeln. Hündinnen haben eine Höhe von 42 cm bis 50 cm. Das Körpergewicht pendelt sich bei 20 kg bis 30 kg ein. Da Entlebucher Sennenhunde meistens von Inzucht und einer auf die Fellfarbe orientierten Zucht betroffen sind, sind die Lebenserwartungen leider stark gesunken. Die Lebenserwartung liegt bei acht Jahren. In einigen Fällen können die Tiere auch bis zu zwölf Jahre alt werden.

**FCI-Standard:** Nr. 47 - Berner Sennenhund

Gruppe 2.3 Molosser - Schweizer Sennenhunde

Sektion 3 Schweizer Sennenhunde

Abbildung 11: Entlebucher Sennenhund

## Charaktereigenschaften von Entlebucher Sennenhunden

Die Entlebucher Sennenhunde sind lebhafte Tiere, die viel Temperament besitzen, selbstbewusst und furchtlos sind. Diese Rasse ist, genau wie der Berner Sennenhund, stark auf seine Menschen und Bezugsperson sowie sein Zuhause fixiert. Er liebt seine Familie über alles und liebt es mit Kindern zu spielen. Fremden tritt er argwöhnisch gegenüber. Das Bewachen liegt ihm in den Genen und er ist äußerst gut darin. Kommt ihm etwas komisch vor, wird er es durch Bellen zeigen. Der Entlebucher ist sehr aktiv. Er sucht eine entsprechende Beschäftigung und fordert diese auch von seinem Herrchen ein. Wegen seiner Schnelligkeit und Intelligenz ist er prädestiniert für fast jede Hundesportart, sofern es sich nicht um Jagd handelt.

Mittlerweile wird er sogar sehr gerne als Fährten- und Spürhund, Rettungshund und Katastrophenhund eingesetzt. Aber er muss unbedingt eine tägliche Aufgabe haben, da er, wenn er schlecht erzogen ist oder nicht genug ausgelastet, auch schon mal anfängt seine Familie oder die Kinder zu hüten. Was nicht immer von Vorteil ist, wenn man bedenkt, dass einen der Entlebucher andauern umgibt. Wie die anderen Sennenhunde auch hat er ein extremes Bedürfnis eine enge Bindung zu seinen Menschen aufzubauen und diese Eigenschaft kann man wiederum gut in der Erziehung einsetzen. Seine Bezugsperson oder Familie sollten stets berücksichtigen, dass er gerne arbeitet. Man sollte ihm immer wieder aufs Neue die Möglichkeit geben, seine hervorragende Arbeitsfreude auch ausleben zu können. Dann wird er sich als treuer und herzlicher Begleiter erweisen.
Familien, die einen äußerst anhänglichen und sehr auf Menschen bezogenen Hund suchen, werden im Entlebucher Sennenhund einen loyalen und herzensguten Begleiter finden. Wegen seines angeborenen Wachtriebes und Beschützerinstinkt ist er Familien gegenüber besonders ergeben. Personen, die er nicht kennt, tritt er misstrauisch und abwartend gegenüber. Er ist ein zuverlässiger und nicht bestechlicher Wächter, dem man getrost seine Kinder und das Haus anvertrauen kann. Es liegt ihm immer noch in den Genen, eigenständig Entscheidungen zu treffen und dies ist auch eine perfekte Voraussetzung für den Einsatz als Rettungshund.

# Wer eignet sich als Halter?

Wie die anderen Sennenhunde auch liebt der Entlebucher das Landleben am meisten. Er liebt es, sich zu bewegen und sich austoben zu können. Der ursprüngliche Hüte- und Treibhund hat einen enormen Bewegungsdrang und ist am besten aufgehoben bei sehr sportlichen Menschen und aktiven Familien. Menschen, die sich gerne zu Hause aufhalten und nicht viel unternehmen, sollten von dieser Rasse absehen. Das gleiche gilt für ein Leben in der Stadt beziehungsweise in einer kleinen Wohnung. Das würde ihn nur traurig machen. Herausforderungen wird er immer bei der Arbeit und in den vielen Hundesportarten finden. Ein Haus mit einem großen Garten bieten ihm das perfekte Umfeld. Wie der Appenzeller Sennenhund hat auch der Entlebucher keine hohen Ansprüche an die Haltung. Die Hauptsache ist, dass er viel Arbeit hat und er sich täglich bewegen kann. Da diese Rasse sehr Familienverbunden ist, ist ihm die Einbindung in seine Familie sehr wichtig. In Erziehungsfragen hat man keine großartigen Probleme zu erwarten, da er sehr lernfreudig ist und man ihn gut begeistern kann.

Auch der Entlebucher hat die Gabe, dass er die jeweilige Stimmung seines Menschen an dem Gesichtsausdruck erkennen und spüren kann. Es ist ein sehr sensibler Hund, bei dem man mit Gefühl erziehen sollte. Dennoch ist auch Konsequenz gefragt. Das Gerechtigkeitsempfinden ist deutlich erkennbar und von seiner Bezugsperson fordert er einen gerechten Umgang ein.

## Kann ein Hüte- und Wachhund trotzdem ein Familienhund sein?

Ungeachtet dessen, dass er ein Hüte- und Wachhund ist und es auch immer bleiben wird und für ihn zuallererst der Schutz seiner Familie kommt, ist er dennoch genauso gutmütig mit seinem näheren Umfeld. Aber sobald sich jemand Fremdes seinem Territorium nähert, wird er laut bellen und den Besuch melden. Dem „Eindringling" wird er durch einen wachsamen Blick verständlich anzeigen, dass er jederzeit seine Familie beschützen wird. Jedoch kann dieser natürliche Schutztrieb gut reguliert werden, wenn eine frühzeitige Sozialisierung und konsequente Erziehung angegangen und durchgezogen wird. So wird er schon als Welpe und Junghund lernen, dass nicht alle fremden Personen seiner Familie etwas antun möchten und Gäste gern gesehen sind.

## Regeln aufzeigen, wenn Kinder im Spiel sind.

Hat man das Vertrauen des intelligenten Entlebuchers erst mal gewonnen, überzeugt er einen mit seinem liebevollen Temperament und seiner verspielten Art. Vor allem Kinder liebt der Entlebucher über alles. Spielen sie gemeinsam, legt er nicht nur eine besondere Ausdauer an den Tag, auch seine erstaunliche Geduld mit den Kindern überzeugt. Er lässt sich von den Kids viel Gefallen. Dennoch ist es wichtig, dass der verspielte Hund mit seiner Kraft von Beginn an die Regeln im Umgang mit den Kindern lernt. Denn man möchte ja nicht, dass seine überschäumende Energie die Kleinen wörtlich genommen „umwirft". Gleiches gilt für seinen ausgeprägten Hütesinn, der gegenüber schwächeren Kindern sehr ausgeprägt sein kann. Das Hütebedürfnis sollte also nicht überhandnehmen.

Als Familienhund benötigt der Sennenhund aber eine passende Alternative zu seiner eigentlichen Arbeit als Hüte- und Treibhund. Für ihn eignen sich sehr gut Hundesportarten, wie z.B. Flyball, Mantrailing oder Agility. Für Familien, die in ihrer Freizeit sportlich aktiv sind und auch noch die Zeit und vor allem die Lust haben, sich mit ihrem Hund zu bewegen, ist der Entlebucher geradezu der richtige Begleiter.

## Der Welpe – Was zu beachten ist.

Oftmals wird in Fachbüchern dazu geraten, mit den Erziehungsmaßnahmen zu warten, bis der junge Welpe sich nach einiger Zeit eingewöhnt hat. Nur mit der Erziehung der Stubenreinheit kann man sofort beginnen. Es ist nicht zu leugnen, dass Welpen viel Unsinn im Kopf haben und es recht lustig ist, ihnen zuzusehen. Man darf aber nicht vergessen, dass auch ein Welpe älter wird und aus den „Unarten" bald lästige Marotten werden. Je mehr der Welpe in der sogenannten Prägephase (achte bis zwölfte Woche) lernt, umso besser kann man im erwachsenen Alter mit ihm umgehen.

Was letztendlich ihr putziger Entlebucher-Welpe darf und was nicht, müssen Sie natürlich entscheiden. Die meisten Hundetrainer und Erziehungsfachleute haben aber strenge Regeln, die da wären:

> ➢ Der Welpe darf nicht ins Bett und aufs Sofa.
> ➢ Der Welpe darf erst fressen, wenn Sie fertig sind.
> ➢ Der Welpe geht niemals als erstes voran.

Es ist wichtig, dass schon ein Welpe ganz klare Ansagen und Regeln benötigt, die er ohne zu murren befolgen muss. Allen voran die Grundkommandos, wie z.B. Hierher, Sitz, Platz und bei Fuß, sind wichtig. Sie sind wichtig, da sie das Hundeleben retten können und auch andere Menschen und Tiere durch ein mögliches Fehlverhalten nicht gefährdet werden. Darüber hinaus sollte dem Welpen direkt zu Beginn klargemacht werden, wer der „Boss" im Haus ist. Auch wenn es für den Entlebucher-Welpen an manchen Tagen schwierig ist zu lernen, übertreiben sollten Sie es nicht, denn die Rasse ist sensibel und könnte auf übertriebene Strenge mit Angstverhalten reagieren. Damit der Entlebucher-Welpe auch möglichst früh die Regeln lernt und auch befolgt, muss man rigoros konsequent sein und bleiben. Ausnahmefälle verstehen selbst die intelligenten Entlebucher nicht.

Was alle Welpen gerne machen: In die Hand beißen. Dies gilt es zuallererst abzugewöhnen. Aus einem Entlebucher-Welpen wird zwar ein kräftiger Hund, aber kein gefährlicher Kampfhund. Dennoch wird er als erwachsener Hund mit enormer Kraft zubeißen können. Daher sollte diese Unart im zarten Alter abgewöhnt werden. In der Erziehung klappt das so, dass man das Spielen unverzüglich unterbricht, sobald er anfängt zu beißen. Der Welpe wird bestraft, indem man sich von ihm abwendet, ihm keine Beachtung mehr schenkt und sich anderweitig beschäftigt.

Kommen die „Beißattacken" weiterhin vor, muss man unbedingt auf die gleiche Art und Weise verfahren, wie zuvor. Wird der Entlebucher bei den nächsten Spieleinheiten nicht mehr beißen, sollte er sofort gelobt werden. Sie sind sehr schlau und erkennen sofort die Zusammenhänge.

Eine weitere Sache, die der junge Hund lernen muss, ist, dass er weiß, wo sein Plätzchen ist. Eine Familie muss sich einig darüber sein, wo der Welpe und später erwachsene Hund seine eigene Ecke bekommt. Gewechselt werden sollte der Ort dann nicht mehr, weil er sich an den Ort gewöhnt. Damit er sich wirklich wohlfühlt und den neuen Platz akzeptiert, ist schon eine gewisse Beständigkeit nötig. Zu beachten ist, dass der Platz nicht in einem lauten und gut „besuchtem" Zimmer, wie z.B. das Wohnzimmer, ist. Ein Hund sollte auch in der Lage sein, sich zurückzuziehen, wenn er das Bedürfnis dazu hat. Begibt er sich auf seinen Platz, muss man das auch akzeptieren und ihn in Ruhe lassen.

Der Platz kann mit einem Körbchen, einer dicken Matte oder einem Hundesofa ausgestattet sein. Hauptsache es ist weich. Da die Entlebucher Sennenhunde sehr auf ihre Menschen fixiert sind, macht es Sinn, den „Hundeplatz" nicht in die äußerste Hausecke zu legen. Direkt von Beginn an muss man dem Welpen klarmachen, dass er ungefragt weder auf das Sofa noch den Sessel darf. Ein absolutes No-Go ist der Esstisch! Hunde sollten auf keinen Fall Essensreste oder Probierhappen vom Esstisch bekommen. Die zubereiteten Gerichte für Menschen sind nicht für Hunde gedacht. Sie sind zu scharf oder zu salzig. Das vertragen die Tiere nicht. Hat der Hundebesitzer seinen Hund gut erzogen, wird dieser sich nicht an den Tisch setzen und betteln. Sind jedoch seine Betteleien erfolgreich und der Entlebucher bekommt immer mal wieder einen Leckerbissen vom Tisch ab, wird er dies zweifellos auch weiterhin machen. Der wohlerzogene Entlebucher darf allenfalls in der Nähe des Esstisches liegen. Natürlich sollte er schon vorher gefressen haben, damit er auch ohne Probleme auf seinem Platz bleibt.

## Folgende Grundprinzipien sollte man in der Hundeerziehung beachten:

### Loben

Immer dann, wenn der Hund ein gewünschtes Verhalten zeigt, muss er überschwänglich gelobt werden. Entweder durch ein Leckerchen, ein Spielzeug oder durch verbale Worte, wie z.B. Prima.

### Ignorieren

Zeigt der Hund ein nicht erwünschtes Verhalten, sollte er ignoriert werden. Man sollte ihn erst wieder loben, wenn sich sein Verhalten geändert hat. Aber es ist nicht so einfach, das Ignorieren durchzuhalten, denn Sie dürfen ihn nicht anschaue oder mit ihm schimpfen. Sie müssen sich umdrehen und ohne Worte weggehen. Es kann einem schon das Herz zerreißen.

Unter Umständen kann eine Erziehungsmaßnahme sogar einige Wochen dauern, bis ihr Hund endlich das gewünschte Verhalten zeigt. Man kann es nicht oft genug sagen, aber Konsequenz und Geduld sollten hier ihre Stärken sein. Erteilen Sie ihrem Welpen/Junghund ein Kommando, muss er es befolgen ohne „Wenn und Aber". Es kann schon vorkommen, dass Sie 20 Mal den kleinen Rabauken auf seine Decke setzen und „Platz" sagen, bis er es versteht. Beim 21 Mal wird er es dann vielleicht verstehen. Fatal ist es, wenn Sie genervt aufgeben. Für den Welpen bedeutet das, dass er nur lange genug warten muss, um ohne Gehorsamkeit ans gewünschte Ziel zu kommen. Eine weitere Sache, die der junge Entlebucher lernen muss, ist, dass Sie der „Rudelführer" sind. Er muss akzeptieren, dass Sie ihm jederzeit einen Knochen oder ein Spielzeug abnehmen können und auch dürfen. In der Hundeerziehung ist eine Führung ohne Zwang und Regeln nicht möglich. Das muss auch das Familienmitglied mit vier Beinen lernen. Setzen Sie sich durch, auch wenn ein strenges „Nein" in manchen Situationen dazugehört. Aber verinnerlichen Sie bitte: Auch, wenn die Erziehung manchmal länger dauert, ein Welpe oder Junghund darf keinesfalls geschlagen oder angeschrien werden! Wenn Sie innerlich vor Wut kochen, drehen Sie sich um und lassen den Hund lieber stehen. Durch Gewalteinwirkung verändert der Hund sein Verhalten, wird ängstlich, aggressiv oder auch zum Angstbeißer und das kann wiederum schlimme Folgen haben. Das Vertrauen des Hundes werden Sie ohnehin verlieren.

Lassen Sie sich nicht entmutigen, wenn der kleine Entlebucher trotz eines strengen „Neins" nicht von den teuren Schuhen ablässt: Fassen Sie ihm über die Schnauze und blicken ihn an. In der Tierwelt ist das eine Drohgebärde, die ebenfalls von den Hundemamas genutzt werden, um ihre frechen Welpen in den Griff zu bekommen und es zeigt Wirkung!

Fühlen Sie sich dennoch in einigen Dingen überfordert, ist es ratsam sich externe Hilfe zu holen, beispielsweise können Sie eine Hundeschule aufsuchen oder einen Trainer zu sich nach Hause kommen lassen. So bekommen Sie fachmännische Unterstützung und müssen keine Sorgen haben, etwas in der Erziehung grundsätzlich falsch zu machen.

# Den Entlebucher Welpen alleine lassen.

Junge Tiere sind immer niedlich und am liebsten möchte man sie überall dabei haben. Dennoch wird es auch mal Situationen geben, in denen der junge Hund alleine zu Hause bleiben muss. Beginnen Sie schon sehr früh, ihm dies beizubringen, umso einfacher wird es später für ihn sein. Der beste Zeitpunkt mit solch einer Übung anzufangen ist, wenn der Welpe müde ist, zum Beispiel nach dem Herumtoben oder wenn er gefressen hat.

Meist haben die Tiere dann das Bedürfnis, sich zurück zu ziehen. Während eines solchen Momentes gehen Sie für einen Augenblick aus dem Haus, ohne den Welpen anzusprechen. Wenn Sie hören, wie der kleine Kerl drinnen anfängt zu jaulen, unterbrechen Sie dies, indem Sie laut „Aus oder Pfui" sagen. Kehren Sie wieder ins Haus zurück und hat der Kleine brav gewartet, sollten Sie ihn überschwänglich loben. Mit der Zeit können Sie die Zeitspanne zwischen „aus dem Haus gehen" und Wiederkommen immer etwas verlängern.

Klar ist, dass gerade wenn der neue Welpe eingezogen ist, er in den ersten Monaten nicht alleine bleiben sollte. Hat er sich aber gut bei Ihnen eingewöhnt, dürfen Sie ruhig damit beginnen, das Alleinsein zu üben. Mit einem kleinen Trick können Sie Ihren Welpen gut ablenken: Geben Sie ihm einen Kauknochen oder sein Spielzeug, das er am liebsten hat. Welpen gewöhnen sich in der Regel schnell an neue Verhaltensweisen. Hat der Welpe einmal akzeptiert, dass seine Bezugsperson das Zimmer verlassen hat, kann der nächste größere Schritt erfolgen und Sie gehen aus dem Haus. Es ist selbstverständlich, dass Sie nun keinen 5 km Marsch machen und vor dem Haus warten. Bemerken Sie, wie er anfängt zu jaulen oder an der Türe zu kratzen, gehen Sie wieder rein und sagen „Aus/Pfui". Aber für ein solches Training ist er dann noch nicht reif. Vermeiden sollten Sie hingegen bestimmte Rituale, wie zum Beispiel: „Sei lieb, ich geh nur einkaufen, bin gleich wieder da.". Das verunsichert den jungen Hund und er würde nervös werden. Stattdessen sollte er ruhig bleiben und begreifen, dass es keinen Grund gibt, aufgeregt zu sein.

## Sozialisierung des Entlebucher-Welpen

Damit Mensch und Hund harmonisch zusammenleben können, ist die Sozialisierung des Hundes eine wichtige Voraussetzung. Die Natur hat es so eingerichtet, dass ein Hund nicht von Anfang an auf den Menschen fixiert ist. Vielmehr sind es erst mal Fremde, die der Welpe kennenlernen muss. Diese kleinen Wesen müssen lernen, einen Menschen als ihre Bezugsperson zu akzeptieren. Mit Sozialisierung ist aber auch gemeint, dass Hunde anderen Artgenossen in ruhiger Art und Weise gegenübertreten und ein sicherer Auftritt erfolgt. Daher ist es bedeutsam, den jungen Welpen mit anderen Welpen spielen zu lassen. Mensch und Hund haben in der Körpersprache einiges gemeinsam: Sie können Freude, Trauer und Ärger durch ihre Mimik ausdrücken.

Allerdings gibt es auch Signale, die bei Hunden eine andere Geltung haben, als bei Menschen. **Hierzu ein Beispiel:** schauen sich Menschen in die Augen ist das ein Akt der Höflichkeit. Blicken sich Hunde jedoch intensiv an, ist das eine Provokation. Auch das müssen die Kleinen lernen: Blickt man ihnen in die Augen, ist das nicht als Provokation für sie zu deuten.

Die Welpen lernen den richtigen Umgang mit anderen Hunden nur dadurch, dass sie möglichst mit unterschiedlichen Rassen in Kontakt kommen. Für die Sozialisation ist im Grunde genommen eine Welpenschule perfekt. Wichtig sind bei der Sozialisierung die unterschiedlichen Entwicklungsstufen des Hundes. Ein Besitzer muss schließlich wissen, was er in welcher Phase seinem Hund zumuten kann.

## Die 4. bis 16. Woche ist die Prägephase.

Sie ist die empfindlichste Phase in der Reifung eines Welpen. In dieser Zeit entwickeln sich das Gehirn und die Psyche. Während diesem Entwicklungsabschnitts sind die Welpen für alles Neue sehr offen. Eine große Rolle spielt dabei auch, dass der Welpe noch bei seinem Züchter erste Erfahrungen gemacht hat. Kommt er in der achten oder neunten Woche zu seiner neuen Familie, ist es gleichfalls erforderlich, dass er noch mehr gute Erfahrungen sammelt und er lernt, dass ihm keine schlimmen Dinge widerfahren. Während der Entwicklungsphase sollte der Welpe möglichst viele unterschiedliche Sachen kennenlernen, wie Geräusche vom Staubsauger, von Autos, von Werkzeugen bis hin zu Eindrücken aus der Umwelt und andere Tiere. Auch die Fellpflege und das „Untersuchen" von Augen, Ohren und Pfoten gehört mit dazu. So kann er sich daran gewöhnen und der erste Tierarztbesuch fällt nicht ganz so schlimm aus.

Neben den neuen Eindrücken und Erfahrungen, die der Welpe nun macht, ist es auch bedeutsam, dass er lernt, nicht zu beißen. Untereinander spielen die Welpen schon mal ziemlich ungestüm und beißen und zwicken, was das Zeug hält. Macht ihr Welpe das nun auch bei Ihnen, schreien sie kurz auf, stupsen ihn sanft zur Seite und gehen einfach weg. Diese Unterbrechung des Spiels empfindet der Welpe als eine Strafe und er wird schnell lernen, dass das Beißen unangenehme Folgen hat. Wenn Sie hingegen aber lachen und das lustig finden, empfindet er sich in seinem Tun bestätigt und wird nur noch öfter und fester zubeißen.

## Die Pubertät / Flegelphase

Es gibt eine zweite, sehr sensible Phase, die ein junger Hund durchläuft: Die Pubertät beziehungsweise die Flegelphase. Aber da muss der Hundehalter oder die -halterin durch. Es ist ähnlich wie bei Teenagern. In dieser Phase wird der Hund alles vergessen haben, was Sie ihm beigebracht haben. Er blendet es aus. Er ist in dieser Zeit mehr daran interessiert, seine Kräfte zu messen und die Grenzen auszutesten. Das ist aber kein Grund, dass Sie aufgeben! In der Pubertät braucht Ihr Hund umso mehr Unterstützung und eine Person, an der er sich orientieren kann.

Hierzu gehört auch, dass Sie ohne Ausnahme darauf bestehen, dass er ihren Kommandos folgt, auch wenn Sie eine strengere Hand haben müssen, als sonst üblich. Denken Sie immer daran: Auch diese Zeit geht vorüber.

In allen Entwicklungsstufen ist es wichtig und nötig, dass der Hund eine Respektsperson neben sich hat. Er muss Ihnen vertrauen können, was er auch machen wird, wenn Sie einige Punkte berücksichtigen:

- Die Bedürfnisse ihres Hundes kennen und sich darauf einlassen.

- In jeder Situation den Überblick behalten und ihn vor Gefahren schützen.
- Sie sollten Ruhe und Gelassenheit ausstrahlen.
- Mit Ihrem Hund gemeinsame Unternehmungen machen.
- Ihren Hund nicht überfordern.
- Sie ihn unterstützen, wenn er sich unsicher ist.

## Erste Spaziergänge

Sobald man bemerkt, dass der kleine Entlebucher sich wohl fühlt, er einem vertraut und sich in Sicherheit wiegt, dann kann man den ersten Spaziergang wagen. Als erstes muss sich der Welpe aber an ein Halsband gewöhnen. Im besten Fall hat der Züchter das schon mit ihm geübt und er kann mitsamt Halsband beim Züchter abgeholt werden. Es gibt natürlich die verschiedenartigsten Variationen von Halsbändern. Ein dünnes aus Nylon ist so leicht, dass der kleine Wusel das nicht bemerkt beziehungsweise ihn nicht sonderlich stört. Mit der passenden, dünnen Leine kann man nun auch das Anleinen üben. Loben Sie ihn, wenn er sich brav verhält. Ist er hingegen ängstlich, helfen Sie ihm, indem Sie ihm gut zureden und Leckerchen geben. Erste „Probegänge" im Haus oder Garten lassen ihn schnell an das neue Geschirr gewöhnen. Ist der Welpe nach ein paar Tagen sicherer im Umgang geworden und beachtet weder Halsband noch Leine, dann kann man den Schritt nach draußen wagen und einen kleinen Spaziergang unternehmen. Man sollte nur darauf achten, dass es eine relativ ruhige Umgebung ist, in der man sich bewegt, denn zu viele Außenreize auf einmal sind für den Kleinen nicht gut.

In den meisten Hunderatgebern oder anderer Fachliteratur steht geschrieben, dass eine Leine in dieser Zeit überflüssig ist und Mutter Natur es so eingerichtet hat, dass ein Welpe immer in der Nähe seiner Mutter bleibt. Aber was ist, wenn sich Ihr Hund vor einem Geräusch erschreckt, dass er noch nicht kennt und er davonläuft? Dann doch lieber die Leine dran lassen, bis man sich wirklich hundertprozentig sicher ist, dass er auch genügend Vertrauen aufgebaut hat.

Zu Übungszwecken kann man sich auch eine Schleppleine kaufen, die es in jedem Tierfachgeschäft zu kaufen gibt. Anfangs empfiehlt es sich mehrmals täglich für ein paar Minuten mit dem Welpen hinauszugehen. Nach und nach kann die Dauer des Ausflugs gesteigert werden, je nachdem wie lange der Welpe durchhält. Lassen Sie ihm nach einem Spaziergang Zeit, sich zu erholen und die gesammelten Eindrücke zu verarbeiten.

**Etwas Pep in den Spaziergang bringen**
Für (junge) Hunde ist es aufregend, wenn ein Spaziergang abwechslungsreich und interessant ist. Die Gestaltungsmöglichkeiten sind vielfältig, denn man kann immer wieder andere Routen nehmen oder Leckerchen im Wald verstecken, die er dann suchen darf. Ist der Hund älter, kann er über Baumstämme oder Hügel springen und laufen. Kleine Pausen zwischendurch braucht ihr Hund, damit er sich etwas erholen kann, da Suchspiele und Übungen anstrengend sind und seine Konzentration fordert.

# Stubenreinheit beibringen

Die Stubenreinheit ist ein sehr wichtiges und viel gelesenes Thema in der Hundeerziehung. Gott sei Dank gehören Hunde zu der Gattung, die ihre eigene Umgebung eigentlich von alleine sauber halten und von selber Stubenrein werden. Dennoch muss er in seinem neuen Heim lernen, wo er sich erleichtern darf und wo nicht. Wichtig ist, dass Sie in diesen Wochen ein Auge auf ihn haben und sobald Sie Anzeichen bemerken, ihn hochnehmen und mit ihm raus in den Garten gehen. Es wird bestimmt auch mal ein „Unglück" im Haus passieren, aber dafür darf der Kleine nicht bestraft werden. Es gibt schlauere Welpen, die schon nach kurzer Zeit wissen, was man von ihnen will und andere wiederum brauchen halt ein paar Tage länger, bevor sie gelernt haben, dass sie sich melden sollen, wenn sie sich lösen müssen. Bei Welpen ist es manchmal wie bei Kindern: Sie vergessen einfach, dass sie „wohin" müssen. So kann es passieren, dass sie sich während des Spielens oder nach einem Spaziergang, von dem man gerade heimgekommen sind, einfach hinsetzen und erleichtern. Das ist aber völlig normal und kein Grund zur Sorge.

Jeder Welpe entwickelt seine eigenen Angewohnheiten, wenn es darum geht, sich zu erleichtern, aber das findet man ziemlich schnell heraus. In den meisten Fällen drehen sich die Kleinen im Kreis oder schnuppern intensiv den Teppich ab, spätestens dann sollte man seinen Welpen aufnehmen und hinausbringen. Hat er sich dann im Garten gelöst, wird er gelobt und wieder verknüpft er sein Verhalten mit einem positiven Ereignis.

# Worauf man bei der Erziehung achten muss.

Grundsätzlich können Hunde keine Sprache verstehen. Was sie können, ist sich immer wiederholende Worte mit bestimmten Befehlen verbinden, also zum Beispiel: „Sitz, Platz, Hierher, Bleib".

**Zur Veranschaulichung ein Beispiel:** Man steht vor seinem Hund und erzählt ihm mit einer lieben und freundlichen Stimme, was er gerade falsch gemacht hat. Seine Reaktion: Er wird sich freuen und mit der Rute wedeln. Dies soll verdeutlichen, dass ein Hund lediglich die Stimmlage versteht, aber nicht die gesprochenen Worte. Genauso ergeht es dem Menschen, der unmöglich aus der Vielfalt der Verständigungen der Hunde untereinander etwas verstehen kann. Hunde artikulieren sich über ihre Körpersprache. Sehr beeindruckend ist, dass sie durch ihre Mimik bis zu vierzig Mal mehr ausdrücken können, als es Menschen können. Beobachtet man Hunde wird man vielleicht sehen, auf welch vielfältige Art und Weise sie sich „unterhalten".

In der Erziehung von Welpen gilt generell, dass man sie keinesfalls zur Bestrafung im Genick packen und schütteln darf. In der Natur wird das niemals eine Hundemutter machen. Medizinisch gesehen schlägt das Gehirn beim Schütteln gegen die Schädelknochen und je nachdem, wie stark das Schütteln ausgeprägt ist, kommt es zu einer Gehirnerschütterung oder schlimmeren Verletzungen. Wichtig ist jedoch, dass man sich klarmacht, dass aus dem süßen Entlebucher-Welpen auch mal ein kräftiger Kerl wird und es nicht mehr lustig ist, wenn er auf fremde Menschen zuspringt, in der Küche sein Unwesen treibt oder das Sofa für sein Territorium erklärt und keinen mehr neben sich duldet. Jedes nicht erwünschte Verhalten muss also sofort im Keim erstickt werden und mit einem ernsthaften „Nein/Aus" beendet werden und das schon im kleinsten Alter. Es ist nur zu vermeiden, dass der Welpe unnötig angebrüllt wird. Beste Erziehungserfolge erreicht man, indem man seinen Welpen bzw. Junghund positiv bestärkt.

## Die Grundkommandos beibringen.

Es gibt zwei grundlegende Befehle, die jeder Hund beherrschen muss. Der erste Befehl ist „Hierhin/Komm her" und das zweite wichtige Kommando ist „Sitz/Platz", der auch aus der Entfernung klappen muss. Beides sind Kommandos, die einem Hund das Leben retten kann.

Folgende Situation beschreibt die Notwendigkeit: Sie gehen in einem weitläufigen Gelände spazieren und ihr Hund läuft 20 bis 30 Meter voraus. Plötzlich kommt ein landwirtschaftliches Gefährt aus einem Seitenweg heraus. Sie haben zwei Möglichkeiten: Erstens den Hund zu sich rufen (Hierhin) oder er bekommt von Ihnen den Befehl „Sitz" zu machen und sich nicht von der Stelle zu rühren. Beiden Kommandos hat der Hund sofort Folge zu leisten und er darf sich erst wieder rühren, wenn Sie es ihm erlauben. Sie merken, wie wichtig es ist, Ihrem jungen Hund möglichst früh die Grundkommandos beizubringen.

**Wie bringt man aber dem Hund die Grundkommandos bei?**
Prinzipiell gilt für alle Kommandos, dass sie erst mit Sichtzeichen geübt werden. Hat der junge Entlebucher das Sichtzeichen verinnerlicht, kommt das gesprochene Wort für den Befehl hinzu.

## Das Kommando „Hierhin"

Ist der Welpe in einem Zimmer, geht man in die Hocke und wartet erst mal ab. Meistens dauert es aber nicht lange, bis die Welpen zu einem gelaufen kommen. Ist er da, wird er gelobt. Entweder durch liebe Worte oder durch Leckerchen und Streicheleinheiten. Ist es ihm aber egal, ob man dahockt und wartet, muss man sich interessant machen, etwa durch ein leises Pfeifen oder in die Hände klatschen. Spätestens dann kommt der Welpe, weil er einfach viel zu neugierig ist. Schon während er sich auf einen zubewegt, sollte man das Wort „Hierhin" benutzen. So lernt er, wenn er kommt eine positive Überraschung auf ihn wartet. Diese Übung braucht aber einige Wiederholungen, bis man endlich auch mit dem Kleinen draußen üben kann. Hierfür ist es in der ersten Zeit bedeutsam, dass man mit einer langen Leine arbeitet, um sicher zu gehen, dass der Welpen nicht doch mal irgendwie eine andere Abzweigung nimmt und weg ist. Wieder geht man in die Hocke und spricht den Befehl „Hierhin" aus. Auch in der Natur ist darauf zu achten, dass bei den ersten Trainingseinheiten möglichst wenig Ablenkung für den Entlebucher besteht. Dieses Kommando wird solange geübt, bis der Entlebucher auch ohne Leine zu einem kommt. Bitte darauf achten und Rücksicht nehmen, dass der junge Welpe nicht überfordert wird. In dem Alter sind Übungen noch sehr anstrengend für ihn.


## Das Kommando „Sitz"

Der Befehl „Sitz" wird jeder Welpe nach einiger Zeit von alleine machen. Sie lernen „Sitz" zu machen genau genommen schon bei ihrer Mutter, da die Mutter, wenn die Welpen 4-5 Wochen alt sind, im Stehen ihre Jungen säugt. Die Welpen haben aber nun schon eine Größe, bei der sie sich nur noch hinsetzen können, um an die Zitzen zu kommen. Hält man seinem Welpen ein Leckerchen vor die Nase und hält es direkt über seiner Nase hoch, wird er sich automatisch hinsetzen.

Sobald er mit seinem Hinterteil den Boden berührt, sagt man „Sitz" und lobt ihn überschwänglich. Ähnlich funktioniert es mit dem Befehl „Platz".

## Das Kommando „Platz"

Auch hier arbeitet man mit einem Sichtzeichen. Man nimmt das Leckerchen in die flache Hand und zeigt es dem Welpen, der vor einem steht oder sitzt. Nun legt man das Leckerchen vor seinem Welpen auf den Boden, hält aber noch die Hand darüber. Der schlaue Welpe wird versuchen daranzukommen und wird sich nach kurzer Zeit auf den Boden legen. Sowie der Körper den Boden berührt, gibt man das Leckerchen frei und lobt ihn. Nach einigen Übungen kann man das Leckerchen weglassen und der Welpe wird sich, sobald er die flache Hand sieht, auf den Boden legen. Nach Erfahrungen von Experten benötigt ein Welpe in der Regel an die vierzig bis fünfzig Wiederholungen in unterschiedlichen Situationen, bis er einen Befehl verinnerlicht hat. Aber es gibt natürlich auch Ausnahmen, die schneller verstehen, was man von ihm möchte. Erst wenn man sich wirklich sicher ist, dass der Hund auch versteht, was man von ihm möchte, darf man auch verlangen, dass er das ausgesprochene Kommando sauber ausführt. Bei dem Einstudieren von den Kommandos ist es entscheidend, dass man mit Ausdauer und Spaß an die Sache herangeht. Nur dann wird der Welpe auch gerne folgen. Laute

Worte und Bestrafungen sind an dieser Stelle unangebracht, denn der kleine Kerl wird nicht verstehen, warum man böse auf ihn ist.

## Der erwachsene Hund – Was sind die Besonderheiten dieser Rasse?

**Der Entlebucher Sennenhund ist ein treuer Weggefährte.**

Entlebucher Sennenhunde sind ihren Familien stets loyale und absolut zuverlässige Begleiter. Sie würden ihnen niemals „Leid" zufügen, darüber hinaus sind sie intelligent, lernen schnell und sind nicht schwer auszubilden. Der Entlebucher ist zufrieden, wenn er Aufgaben erledigen kann und möchte seiner Familie gefallen. Im Gegensatz zu den Appenzellern sind die Entlebucher nicht so quirlig und bewegungsfreudig. Sie sind zwar auch sportlich aktiv, aber sie können auch mit einer moderaten Bewegung leben.

Generell ist diese Rasse nicht sehr kompliziert und eignet sich auch für Hundeliebhaber, die nicht so viel Erfahrung im Umgang mit Hunden haben. Nur seine „Bellfreude" muss man von Beginn an im Griff haben. Der Entlebucher hat sein Treibverhalten noch in den Genen und daraus resultiert auch die Eigenart, dass einige Entlebucher ihren Menschen beim Spazierengehen ab und an mal in die Fersen zwacken. So wie sie es bei Rindern oder Schafen machen würden. Er meint es aber keinesfalls böse.

Entgegen ihrer relativ kleinen Größe ist der Sennenhund sehr zäh und tatkräftig, was ihn zu einem perfekten Hund für sportliche Familien mit Kindern macht. Als ehemalige Hütehunde beschützen sie ihre Menschen sehr und fremden Personen gegenüber sind sie zunächst zurückhaltend, können manchmal aber auch aggressiv werden. Aus diesem Grund ist es auch so bedeutungsvoll, dass die Entlebucher schon im Welpenalter andere Personen und Tiere kennenlernen. Vor einem Kauf muss man auf jeden Fall bedenken, dass ein Entlebucher Sennenhund nicht immer geeignet ist. Immerhin braucht er über mehrere Stunden hinweg täglich Bewegung. Eine Eigenschaft von ihnen ist, dass sie sehr ausdauernd sein können und somit ein Training zu einer echten Herausforderung werden kann. Es sind überaus intelligente Tiere, die sich schnell langweilen und bei einer Unausgeglichenheit lassen sie einen das auch spüren, indem sie „zickig" werden. Entlebucher Sennenhunde sind sehr aufmerksam und haben kaum Angst vor irgendetwas. Durch ihr hervorragend arbeitendes Riechorgan und ihre Hartnäckigkeit werden sie gerne als Fährten- und Spürhunde eingesetzt.

## Ernährung, Gesundheit und Pflege

Das kurze, dichte Fell des Entlebuchers benötigt keine aufwendige Pflege. Es genügt, wenn es zweimal in der Woche gebürstet wird. Steht der Fellwechsel an, muss natürlich öfter gebürstet werden, aber das liebt der Entlebucher auch sehr. Durch sein dichtes Fell ist er bei Wind und Wetter geschützt und Regen macht ihm relativ wenig aus. Gebadet werden sollte der Entlebucher wirklich nur, wenn es unbedingt notwendig ist und dann auch nur mit einem speziellen Hundeshampoo. Zur Pflege gehört auch dazu die Augen, Ohren und Pfoten in regelmäßigen Abständen zu kontrollieren. Vor allem die Augen bedürfen besonderer Aufmerksamkeit, da bei dieser Rasse häufig „Grauer Star" oder Glaukome vorkommen. Leider sind diese Krankheiten erblich bedingt und man kann seinem Hund nur bedingt helfen. Mehr zu den Krankheiten kommt im nächsten Kapitel.

Entlebucher, die einen „kosmetischen Fehler" in der Fellfärbung haben, sind meist gesündere Tiere, mit weniger Erbkrankheiten im Gepäck und daher die bessere Wahl. Diese Hunde werden oftmals älter als „rein gezüchtete" Hunde. Man hat aber die Möglichkeit, schon seinen Welpen beim Tierarzt auf genetisch bedingte Krankheiten untersuchen zu lassen. Eine gute Gelegenheit, sein Tier auf Parasiten und anderes Ungeziefer zu untersuchen, bietet die Pflege der Augen, Ohren und Zähne. Ist das Fell glanzlos und zeigen sich vermehrt Schuppen auf dem Fell? Ist das Zahnfleisch verfärbt oder die Augen trübe? Das können dies ersten Hinweise auf eine Krankheit sein. Es bedarf dann dringend eines Termins beim Tierarzt, der durch entsprechende Untersuchungen herausfinden wird, was hinter den Symptomen steckt.

## Ernährung des Entlebucher Sennenhundes

Mal abgesehen von einer guten genetischen Veranlagung, der guten Pflege durch den Halter inklusive der routinemäßigen Untersuchungen und Impfungen, spielt natürlich auch eine gesunde und ausgewogene Ernährung eine Rolle in dem Leben des Entlebuchers. Sie hat auch Einfluss darauf, wie sich der Organismus des Hundes vom Welpenalter an entwickelt. Das Futter für die Entlebucher nimmt eine wesentliche Rolle ein, da es mit darüber entscheidet, wie gesund der Hund ist und auch bleibt. Wichtig ist darauf zu achten, dass alle wichtigen Nährstoffe, Mineralien und Vitamine im Futter vorhanden sind, da sie alle zusammen für ein glänzendes Fell, ein gutes Wachstum und ein gesundes Immunsystem sorgen. Grundsätzlich ist qualitativ hochwertiges Futter immer besser, auch wenn es mehr kostet, als unbekannte Futtermarken. Dafür ist man sich sicher, dass keine Schlachtabfälle oder künstliche Aromen in dem Futter vermischt sind.

Die meisten Hunde bekommen Verdauungsprobleme, wenn sie Reste von der menschlichen Speise bekommen. Der Fettgehalt ist meistens viel zu hoch und zudem ist das menschliche Essen noch gut gewürzt. Entlebucher sollten immer nur Hundefutter bekommen. Prinzipiell sind die Hände von Schokolade, Lauchgewächsen und Zwiebeln zu lassen, da die darin vorkommenden Giftstoffe dem Hund sehr großen Schaden zufügen können. Auch Knochen sollten, wenn sie dann verfüttert werden, nur sehr selten gegeben werden, da sie splittern und innere Organe verletzen können. Hier hat man aber eine große Auswahl an Kauknochen oder anderen Snacks.

Ein Besitzer muss bei seinem Hund darauf achten, dass er kein Übergewicht ansetzt. Bekommen die jungen Entlebucher zu viele Kalorien zugefügt, die sie nicht verbrennen können, nehmen sie schnell an Gewicht zu. Die zu vielen Kilos schädigen die Knochen und Gelenke sehr stark und eine vorzeitige Abnutzung dieser ist vorprogrammiert.

Als Folge werden sich Arthrose und Arthritis ausbilden. Da allerdings die Entlebucher von ihrem Naturell her sich sehr gerne bewegen, fällt es dieser Rasse einfacher, das Übergewicht zu umgehen.

Damit der Entlebucher ein möglichst langes und zufriedenes Leben hat, ist eine ausgewogene und artgerechte Ernährung grundlegend sehr wichtig. Ernährt man den Entlebucher zu einseitig oder zu ungesund, können sich sehr schnell Krankheiten entwickeln, wie z.B. Gewichtsprobleme (Über- oder Untergewicht), Mangelerscheinungen, Magen-Darm-Probleme oder Allergien. Leider bekommen noch zu viele Entlebucher täglich dasselbe Futter ohne eine Abwechslung in ihrem Futternapf zu haben. Da kommt nicht nur Langweile beim Entlebucher auf, auch die Gesundheit leidet darunter.

Alle Hunde haben den Wolf als ihren Vorfahren. Als Carnivore (Fleischfresser) sollte die Nahrung hauptsächlich aus Fleisch bestehen. Das Futter sollte aus hochwertigem Fleisch bestehen und die Produktion möglichst nachvollziehbar sein. Zur Abwechslung sollte auch immer eine kleine Portion Gemüse oder Obst hinzugegeben werden. Kocht man das Futter selber, hat man tatsächlich einen besseren Überblick über die Qualität, die Herkunft und die Zusammensetzung der Futterbestandteile. Wer selber kocht, investiert Zeit und man benötigt ein grundlegendes Wissen über die Ernährung von Hunden, denn manche Zutaten können auch für den Vierbeiner giftig sein. Ist man aber zu unsicher in der eigenen Herstellung, sollte man ruhig zu fertigem Hundefutter zurückgreifen. Die angebotenen Nass- und Trockenfutter haben mittlerweile gute Inhaltsstoffe und verfügen über ausreichende Vitamine und Nährstoffe. Es gibt aber immer mal wieder „schwarze Schafe" unter den Herstellern. Daher lohnt es sich einen Blick auf die ausgewiesenen Inhaltsstoffe zu werfen, denn künstliche Geschmacksverstärker sollten nicht im Futter sein und sind ein Hinweis auf ein Futter von schlechter Qualität.

# Typische Krankheiten

Die Rasse der Entlebucher Sennenhunde sind sehr selten, was den Hund zu einer Besonderheit macht. Leider bringt der geringe Artbestand auch Probleme mit sich. Aufgrund des kleinen Genpools werden auch immer wieder Erbkrankheiten an die nächste Generation weitergegeben. Daher besteht auch bei den Entlebuchern die Neigung, an Hüft- und Ellenbogendysplasie zu erkranken. Diese Erbkrankheiten zu bekämpfen gehört mit zu den hauptsächlichen Aufgaben des Zuchtverbands. Auf Grundlage von neuen, wissenschaftlichen Forschungsergebnissen und gezielten Verpaarungen zweier Hunde, können erbliche Erkrankungen positiv beeinflusst werden.

Die geringe Population und die damit einhergehende niedrige Anzahl an Zuchthunden wirken sich auch auf den Gesundheitszustand der Rasse aus. Bei sogenannten „Risikozuchten" wird nicht die Gesundheit in den Vordergrund gestellt, sondern mehr auf das äußerliche Erscheinungsbild geachtet. Fehlt als Grundlage die genetische Varianz kommt es wiederrum zu vermehrten Erbkrankheiten.

Schädigungen an den Gelenken können nicht nur im Seniorenalter auftreten oder durch ein schnelles Wachstum der Knochen. Es gibt auch Gelenkschädigungen, die angeboren sind, wie zum Beispiel die Hüftdysplasie oder die Ellenbogendysplasie. Bekannt ist, dass große Hunderassen häufiger an Gelenkproblemen leiden, als kleinere Rassen. Nutzt sich der Knorpel in den Gelenken beispielsweise schneller ab, als er vom Organismus wiederhergestellt werden kann, entsteht eine Gelenkschwellung, die dem Hund Schmerzen bereitet und er sich nicht mehr so bewegen wird, wie er bislang konnte.

Meistens machen sich Gelenkprobleme dadurch bemerkbar, dass das Tier nicht mehr laufen, spielen oder gar Treppen steigen möchte. Steht er nach längerer Ruhepause auf, wird das vermutlich mit einem Stöhnen passieren, womit er ausdrückt, dass er Schmerzen hat. Sind die Gelenke dann auch noch warm und geschwollen, ist es höchste Zeit einen Tierarzt aufzusuchen. Dauerhafte Veränderungen an Gelenken sind nicht heilbar, sondern können nur durch Schmerzmittel dem Hund eine Linderung bringen. Seriöse Züchter von Entlebucher Sennenhunden sind besonders darauf bedacht, diese erbliche Erkrankung herauszuzüchten.

Bei Welpen ist besonders darauf zu achten, dass sie in ihren ersten Lebensmonaten keine Treppen steigen. Die Kleinen sollten getragen werden, da durch die weit ausholenden Bewegungen die Schultergelenke stark beansprucht werden. Gleiches gilt für das Hinuntergehen von Stufen, denn dann liegt das Körpergewicht auf den Vorderbeinen.

**Ein kurzer Überblick über die Krankheiten:**

**Augenerkrankungen**

Die Mimik ist für Hunde sehr wichtig, da sie darüber kommunizieren. Liegen nun Augenerkrankungen vor oder ist der Hund blind, stellt das eine enorme Einschränkung für ihn dar, da ein „Kommunikationsmittel" fehlt.

Daher sollten Hundehalter ihre Tiere regelmäßig auf Augenerkrankungen hin untersuchen lassen, um eventuelle Probleme frühzeitig zu erkennen und behandeln zu lassen. Augenerkrankungen können unterschiedliche Ursachen haben:

- Wenn die Augen ständig gereizt werden durch Haare, die über die Hornhaut reiben.
- Getrübte Linsen
- Erhöhter Augeninnendruck
- Veränderungen an der Netzhaut

**Die Progressive Retinaatrophie (PRA)** ist eine Augenerkrankung, die sehr langsam voranschreitet und im Endstadium immer zur gänzlichen Erblindung des Tieres führt. Bei den Entlebucher Sennenhunden gehört auch sie zu den vererbbaren Krankheiten. Während der Erkrankung sterben in der Retina (Netzhaut) die Fotorezeptoren ab. Es stellt sich die Nachtblindheit ein und der Entlebucher bekommt Probleme sich in der Dämmerung an die Sichtverhältnisse anzupassen. Im weiteren Verlauf nehmen die Symptome auch über Tag zu und es kommt dann soweit, dass der Entlebucher in den eigenen vier Wänden und ihm vertrauten Gelände unsicher wird. Des Weiteren trübt sich die Linse (Katarakt) ein. In einigen Fällen wird die Progressive Retinaatrophie auch zu spät erkannt.

Bisher gibt es in der Veterinärmedizin noch keine Medikamente zur Heilung. Es gibt lediglich vereinzelte Behandlungsmethoden, die aber noch genauer erforscht werden müssen. Jedoch kann man seinen Hund einem Gentest unterziehen, bei dem festgestellt werden kann, ob die Progressive Retinaatrophie vorhanden ist.

**Katarakt (Grauer Star)**

Jeder Mensch kennt den „grauen Star". Bei dieser Krankheit ist die Augenlinse eingetrübt und wirkt grau. Der Hund verliert sein Sehvermögen nach und nach und in besonders schweren Fällen kann er sogar erblinden.

Es muss nicht unbedingt sein, dass der graue Star genetisch bedingt ist. Je älter ein Hund ist, umso eher wird der Verschleiß daran Schuld sein. Seniorhunde können daher auf ganz natürliche Weise an der Augeneintrübung leiden. Aber auch Verletzungen oder Krankheiten, wie zum Beispiel Diabetes, können als Ursache für die Augenerkrankung verantwortlich sein. Genetisch bedingt ist allerdings oftmals der juvenile Katarakt, der schon bei Welpen im zarten Alter von der achten Lebenswoche auftreten kann. Um das Sehvermögen auf einem bestimmten Stand zu halten beziehungsweise wieder etwas zu verbessern, können Operationen helfen. Jedoch ist dies stark abhängig von dem Stadium des Grauen Stars und inwieweit die Linse schon eingetrübt ist. Sind andere Grunderkrankungen für den Katarakt verantwortlich, wird zuerst die Ursache erforscht und im besten Fall mit Medikamenten behandelt.

**Die Hüftdysplasie**

Die Dysplasie ist eine Entwicklungsstörung der Knochen, die bei großen Hunden oft vorkommt. In welchem Ausmaß sich die Hüftdysplasie bei einem Hund entwickelt, ist allerdings nicht immer auf genetische Veranlagungen zu schieben. Sind genetische Ursachen für die Erkrankung ausgeschlossen, gibt es noch andere Faktoren, die dafür verantwortlich sein können, wie zum Beispiel eine nicht artgerechte Ernährung oder eben körperliche Arbeit.

Hunde, die an einer Hüftdysplasie erkrankt sind, haben das Problem, dass die Gelenkpfanne zu flach ist, um den Oberschenkelkopf richtig in der Pfanne zu halten. Dadurch hat das Hüftgelenk einen zu großen Bewegungsfreiraum und es verliert mit der Zeit an Stabilität. Das zieht eine Fehlbelastung nach sich, die wiederum dafür verantwortlich ist, dass der Gelenkknorpel entartet. Kapselentzündungen oder Knochenauflagerungen können daraus resultieren und nicht zuletzt noch eine Arthrose verursachen.

Ist der Krankheitsverlauf weit fortgeschritten, baut die Muskulatur zusehends ab und der Hund wird mit großen Beeinträchtigungen im täglichen Leben zurechtkommen müssen. Um festzustellen, ob ein Hund HD hat, kann der Tierarzt den Hund röntgen. Hierzu wird das Tier narkotisiert und die Beine in die entsprechenden Positionen gestreckt.

## Wo kann man den Entlebucher Sennenhund einsetzen?

Auch Rettungshunde können zu wahren Helden werden, wie es Rettungshunde, die erfolgreich in ihrer Suche waren, oft beweisen. Da der Entlebucher Sennenhund sich sehr gut ausbilden lässt, ist er geradezu prädestiniert dazu, als Rettungshund zu arbeiten. In unwegsamen Gelände finden sie sich prima zurecht, arbeiten konzentriert und haben auch in schwierigen Situationen ihre Gedanken beisammen, um ihrem Hundeführer zu zeigen, wo sie lang müssen. Gut ausgebildete Rettungshunde sind zu erstaunlichen Leistungen in der Lage, wenn es darum geht, verschüttete Personen aufzuspüren.

## Wo Rettungshunde eingesetzt werden.

Es gab auch Zeiten, in denen nicht jeder Hund gerne als Rettungshund gesehen wurde. Doch im Laufe der Zeit hat sich dies geändert und man muss nicht mehr Überzeugungsarbeit leisten, um bei einer Hundestaffel ausgebildet zu erden und mitmachen zu dürfen.

Gerade in sehr schwierigem Gelände und gefährlichen Situationen werden die Rettungshunde heute gerne eingesetzt. Die Bereiche, in denen die Rettungshunde arbeiten, sind sehr mannigfach. Mittlerweile werden die Hunde nicht ausschließlich bei der Lawinen- oder Trümmersuche gebraucht. Auch beim Mantrailing und bei der Suche nach Personen unter Wasser sind sie unentbehrlich. Durch ihre hohe Erfolgsquote bei der Arbeit ist die Nachfrage nach Rettungshunden riesig. Jährlich werden an die 100.000 Menschen in Not aus einer Gefahrensituation durch Rettungshunde gerettet und das allein nur in Deutschland!

## Mantrailing für den Entlebucher

Beim Mantrailing geht es darum, vermisste Personen auf einem weitläufigen Gelände aufzuspüren. Flächen- und Trümmerhunde werden dahingehend trainiert, dass sie menschliche Gerüche in der Regel in Trümmern oder bewaldeten Flächen anzeigen. Der Mantrailer hingegen ist in der Lage, einen eigenen sowie individuellen Geruch eines vermissten Menschen aufzunehmen und zu verfolgen. Der Hundeführer hält dem Hund entweder eine Tüte mit Geruchsgegenständen unter die Nase oder Kleidungsstücke mit dem Eigengeruch der gesuchten Person. So kann der Hund die individuelle Geruchsspur verfolgen.

Das Mantrailing ist eine Aufgabe, die hohe Ansprüche stellt, da die Verfolgung einer bestimmten Spur über mitunter langen Entfernungen dem Hund sowie dem Hundeführer einiges abverlangt. Aufgrund dessen gibt es nicht sehr viele Hunde und Hundeführer, die sich dem Mantrailing stellen. In allen Einsatzgebieten müssen die Hunde unter ständiger Aufsicht stehen und gut betreut und versorgt werden. Das bedeutet, dass ihm zur Stärkung genügend Wasser und hochwertiges Futter zur Verfügung steht. Außerdem benötigt er immer wieder Auszeiten, um sich erholen zu können. Derartige Einsätze können für den Hund sehr kräftezehrend sein.

## Agility

Auf einem Großteil der Hundeplätze werden Geräte für den Agilitysport aufgestellt und somit eine Menge von Hundesportfans angelockt. Agility ist im Prinzip für jeden geschaffen, egal ist dabei, ob man jung oder schon etwas älter ist. Auch für kleine oder große Hunde ist Agility-Sport meistens geeignet. Entlebucher sind intelligent, haben eine schnelle Auffassungsgabe, sind motiviert und darüber hinaus noch sehr agil. Dieser Sport ist eine gute Alternative zu dem Dienst als Wach- und Schutzhund.

Ein Agility-Hindernisparcours ist aus 12 bis 20 Hindernissen aufgebaut, die in richtiger Reihenfolge absolviert werden müssen. Der Parcours wird auf einem Gelände von mindestens 20 x 40 Metern aufgebaut.

Die Streckenlänge liegt zwischen 100 und 200 Metern. Innerhalb einer festgesetzten Zeit soll der Hund nun den Parcours ohne

Leine, Halsband oder anderweitigen Hilfen seines Halters überwinden. Eine manchmal schwierige Aufgabe, wenn man an Turnieren teilnimmt.

Abgesehen von der geistigen und körperlichen Auslastung, z.B. durch Spiele oder Sport, braucht der Entlebucher eine sinnvolle Aufgabe, die seiner Veranlagung gleichkommt. Dies kann auf der einen Seite durch tägliche Aufgaben auf einem Hof sein, auf der anderen Seite durch Sportarten wie Agility, Obedience oder Flyball. Besondere Freude haben sie an den Arbeiten als Fährten- und Lawinenhund, als Hüte- oder Treibhund oder sie durchlaufen eine Ausbildung zum Rettungshund. All dies sind „Berufe", die der Entlebucher gerne macht und darin aufgeht.

## Wissenswertes über den Entlebucher Sennenhund

Entlebucher Sennenhunde brauchen eine Aufgabe, sonst werden sie schnell „ungemütlich". Gewiss hat nicht jeder die Möglichkeit, seinen Entlebucher eine Schaf- oder Rinderherde hüten zu lassen, dennoch sollte man sich ein paar Arbeiten einfallen lassen. Außer der Beteiligung im Hundesport oder der Ausbildung zum Fährten-, Lawinen, Rettungs- und Therapiehund dürfen es auch ganz banale Dinge sein, die für den Entlebucher Abwechslung bedeutet und die man ihm beibringen kann. Hauptsache er hat das Gefühl, dass er gebraucht wird. Beispielsweise kann man ihm beibringen, seine Spielsachen wieder in eine Boxe zu bringen oder er trägt die Tageszeitung rein, nachdem sie aus dem Briefkasten genommen wurde.

## Der Entlebucher ist kein Hund für „Housesitter".

Ganz bestimmt wird einem etwas sinngebendes einfallen, womit man den quirligen und aufgeweckten Entlebucher beschäftigen kann. Sicher ist, dass er kein Hund für Menschen ist, die sich gerne zu Hause aufhalten und nicht aktiv ihr Leben gestalten. Mit seiner Energie und seiner Ausdauer kann wahrlich kein Mensch mithalten, aber man kann mit ihm viel Freude haben und den Spaß an der täglichen Bewegung mit ihm teilen.

Entlebucher Sennenhunde bauen eine sehr enge Beziehung zu seiner Bezugsperson und seiner Familie auf. Daher ist auch eine Zwingerhaltung für ihn ausgeschlossen. Mit anderen Haustieren, wie beispielsweise Katzen, versteht er sich durchaus sehr gut. Er ist halt ein optimaler Familienhund.

Aber im Hinblick auf das Zusammenleben mit kleinen Kindern sollte man doch ein Auge auf den Entlebucher haben. Er ist zwar nicht aggressiv und böse, aber durch sein Temperament kann er mitunter schon ungestüm sein. Wichtig ist, dass er klare Grenzen aufgezeigt bekommt. Aufgrund seiner hohen Intelligenz eignet er sich geradezu als Rettungs- oder Fährtenhund ausgebildet zu werden. Für „Hundeanfänger" eignet er sich nur begrenzt, da er wegen seiner aktiven Ader und seiner Ausdauer so manchen Hundeanfänger an seine Grenzen bringen wird.

# Alles Wissenswerte über die Zucht der Sennenhunde und Zuchtvereine

**Wie findet man einen guten Sennenhund-Züchter?**

Möchte man sich einen Sennenhund unabhängig von der Unterrasse anschaffen, sollte man auf gar keinen Fall zu irgendwelchen nicht vertrauenswürdigen Verkäufern gehen, die möglicherweise ihre Tiere auch noch günstig anbieten. Davon ist dringend abzuraten. Genauso sind die Finger von Käufen aus dem Internet zu lassen. Zu hundert Prozent stehen dahinter sogenannte „Züchterbanden", die kranke Hunde anbieten. Seriöse Züchter haben eine ganze Menge von Vorteilen, die im Folgenden vorgestellt werden.

## Das erste Kennenlernen der Zuchtstätte: Darauf sollte man achten.

Der Entschluss steht fest? Ein Sennenhund soll es sein? Man hat sich beim Zuchtverband nach einem Züchter in der Nähe erkundigt oder ihn durch Empfehlungen benannt bekommen? Das erste Kennenlernen und die Besichtigung stehen vor der Türe? Jetzt ist man natürlich sehr aufgeregt und die Vorfreude ist riesengroß. Aber jetzt darf nicht alles ausgeblendet werden. Sondern man muss aufmerksam die Zuchtstätte in Augenschein nehmen. In manchen Fällen wird der Züchter auch erst einmal das Gespräch suchen und sich näher über den neuen Besitzer informieren. Engagierte Züchter werden danach fragen, wo beziehungsweise wie der kleine Welpe zukünftig wohnen und leben wird. Andersherum darf der neue Besitzer dem Züchter Löcher in den Bauch fragen, bevor die Welpen zum ersten Mal auftreten.

**Folgende Bedingungen sollten gegeben sein, wenn es sich um eine seriöse Zuchtstätte handelt:**

- Jede Zuchtstätte wird nach Hund riechen. Sie leben schließlich dort. Allerdings sollte es nicht zu streng oder nach Urin und Kot riechen.
- Die **Räumlichkeiten** und die Wurfkisten sollten gepflegt und sauber sein.
- Alle Hunde haben Anschluss an die Familie.
- Man darf zu der Rasse **fragen,** was man möchte und der Züchter beantwortet ruhig und gelassen die Fragen.
- Der Züchter möchte wissen, wo seine Sennenhund-Welpen hinkommen.
- Die Welpen haben Vertrauen zu dem Züchter und zeigen keine auffälligen Verhaltensweisen, wie z.B. Angst.
- Die Welpen sind **pfiffig** und **neugierig.**
- Es halten sich nur eine bestimmte Anzahl von Hunden auf dem Areal auf.
- Die Hunde machen einen gesunden Eindruck.
- **Man darf** zu weiteren Besuchen **wiederkommen.**

## Der erste Blick in die Wurfkiste

Sind die offenen Fragen zwischen Züchter und Käufer geklärt, ist endlich der Moment gekommen, in dem man zum aller ersten Mal die Kleinen sieht. Voller Freude wird man die Welpen beobachten und sich entweder ganz gezielt einen aussuchen oder das Bauchgefühl entscheiden lassen, welcher Welpe es sein wird. Doch vor lauter „Welpen-Glück" übersieht man manchmal auch mögliche nicht so schöne Hinweise darauf, wie sich die Welpen fühlen und geben. Machen die kleinen Sennenhunde einen gesunden Eindruck? Sind sie zu dünn und das Fell ist struppig oder sie wirken eher apathisch? Reagieren sie in einer Art und Weise zurückhaltend oder ängstlich gegenüber dem Züchter?

Genau anschauen sollte man sich auch die Elterntiere. Züchter sind in der Regel stolz auf ihre Zuchttiere und sie werden immer wieder gerne vorgestellt. Hellhörig muss man auf jeden Fall werden, wenn das Muttertier nicht vorgeführt wird oder auch nicht bei ihren Welpen in der Nähe ist. Dann stimmt meistens etwas nicht. Außerdem kann man sich ansehen, wie die Hunde allgemein untergebracht sind. Gerade für Sennenhunde ist es von Bedeutung, dass sie Familienanschluss haben und nicht allein in einem Zimmer oder anderen Raum untergebracht sind. Das wäre nicht artgerecht.

Ferner ist es für die Welpen wichtig, dass sie einen großen Auslauf haben, indem sie sich austoben und miteinander spielen können.

## Fachkundige Aufzucht mit liebevoller Erziehung

Für Züchter, die Sennenhunde züchten, spielt Geld in den meisten Fällen keine Rolle, da sie mit dem Verkauf ihrer Welpen größtenteils ihre Kosten der Aufzucht decken. Das ist auch der Hauptgrund, dass kein Züchter dies zu seinem Hauptberuf macht. Den Lebensunterhalt mit der Zucht und dem Verkauf von Welpen zu finanzieren wird keiner schaffen. Es steht bei diesen Menschen die Leidenschaft für die Rasse im Vordergrund, sowie die Freude, die eine Aufzucht der kleinen Welpen mit sich bringt. Es sind Hobbyzüchter, die ihrer Leidenschaft nachgehen und sich dafür in

Vereinen anmelden. Eine einmal im Verein angemeldete Zuchtstätte wird in regelmäßigen Abständen vom Verein in Augenschein genommen. Der Züchter muss sich an die festgelegten Voraussetzungen in Bezug auf die Haltung der Zuchteltern halten. Die Welpen werden außerdem sorgfältig untersucht und beurteilt. Seriöse Züchter haben Schulungen besucht und sie sind verpflichtet, sich ein fachkundiges Wissen anzueignen. Die Aufzucht beinhaltet auch, dass sich der Züchter in spielerischer Form um die Erziehung und die Sozialisierung kümmert. In den ersten Lebenswochen der Welpen wird diese Aufgabe das Muttertier übernehmen. Doch sobald die kleinen Hunde anfangen, ihre Umwelt abseits der Wurfkiste zu erkunden, darf ruhig schon mit einigen Grundregeln begonnen werden. Im besten Fall lernt der kleine Sennenhund schon einige Geschehnisse kennen:

- Menschen verschiedener Altersklassen (Kinder, Erwachsene, ältere Personen)
- Andere Hunde und im Haushalt lebende Haustiere
- Alltägliche Gegenstände und Geräusche, die im Haushalt üblich sind (Staubsauger, Spül-und Waschmaschine, Fernseher)
- Halsband, Brustgeschirr und Hundeleine
- Eventuell das Fahren im Auto
- Wasser
- Verschiedene Untergründe, z.B. Teppich, Holzböden, Fliesen, Gras und Steinboden
- Umweltreize und Witterungen

Für den Sennenhund-Welpen ist es gut, wenn er schon eine ganze Reihe von Dingen kennenlernen konnte. So ist es für ihn leichter, ausgeglichen und ruhig zu werden. Den Welpen wird nichts so schnell verunsichern. Doch die Verantwortung der Sozialisierung liegt nicht nur beim Züchter, vielmehr muss der Käufer oder die Käuferin auch weiterhin daran arbeiten und den Welpen an das Leben gewöhnen. Schließlich liegt die Obhut nun für einige Jahre in den Händen des neuen Besitzers.

## Die Einhaltung des Rassestandards

Das primäre Ziel bei einer Zucht sollte immer die Gesundheit und die Wesensfestigkeit bei Hunden sein, die dem Rassestandard entsprechen. Damit dies gewährleistet werden kann, sind die geltenden Auflagen für sämtliche Zuchtstätten sehr streng. Zum Beispiel sind Gesundheitstests für alle Sennenhunde bindend und die Begutachtung der äußeren Erscheinung sowie eines einwandfreien Charakters sind ausschlaggebend. Daher haben Zuchtzulassungsprüfungen ihre Daseinsberechtigung und die vorgestellten Hunde werden aufs Genaueste geprüft. Hunde, die gesundheitliche Beeinträchtigungen oder nicht erwünschte Wesenszüge haben, werden kompromisslos aussortiert. Dadurch wird sichergestellt, dass der Nachwuchs gesund ist und er ein ausgeglichenes und ruhiges Wesen hat.

## Gesunde Welpen durch gesunde Elterntiere

Bedauerlicherweise gehören die Sennenhunde nicht zu den Hunderassen, die eine hohe Lebenserwartung haben. Einige Erkrankungen kommen bei ihnen häufiger vor, als bei anderen Rassen. Die Züchter sind jedoch bemüht, diese Krankheiten gezielt heraus zu züchten und die Lebenserwartung zu verlängern. Da gerade diese Rasse immer beliebter wird, ist auch von

„Züchtern" bekannt, die letztendlich aber nur auf das Geld aus sind. Diese Welpen wachsen in keiner seriösen Zuchtstätte auf. Es werden keine veterinärmedizinischen Untersuchungen gemacht oder geschweige denn Impfungen vorgenommen. Es sind vorwiegend diese Welpen, die schon früh an bestimmten Krankheiten erkranken, die da sein können:

1)  Hüft- und Ellenbogendysplasie
2)  Osteochondrosis Dissecans (OCD – Erkrankung des Knorpelgewebes)
3)  Maligne Histiozytose (Tumorerkrankung)
4)  Nierenerkrankungen
5)  Degenerative Myelopathie (Rückenmarksschädigung)

Um den Welpen einen gesunden Start ins Leben zu ermöglichen, sind gute Züchter darauf bedacht, nur Elterntiere zu verpaaren, die vorher auf Krankheiten untersucht und das Ergebnis auch schriftlich festgehalten wurde. Normalerweise werden die Züchter aber darüber hinaus noch weitere Dinge unternehmen, damit sie tunlichst einen gesunden Wurf bekommen. Die auserwählte Hündin wird gesundheitlich durchgecheckt, Abstriche werden gemacht, sie wird entwurmt und der Impfstatus wird überprüft. Bei einer Trächtigkeit wird der Tierarzt die Hündin begleiten, damit Risiken oder Komplikationen frühzeitig erkannt werden. Steht die Geburt kurz bevor, wird der Züchter seine Hündin nicht mehr aus den Augen lassen und sie Tag und Nacht beobachten. Wenn es nötig ist, wird er ihr bei der Geburt helfen.

## Wann darf man einen Sennenhund-Welpen bei dem Züchter abholen?

Man darf grundsätzlich die Welpen erst dann abholen, wenn der gesamte Wurf durch einen Zuchtwart begutachtet und abgenommen wurde. Der Zuchtwart kommt in der Regel zwischen der 9. und 12. Woche. Bis dahin müssen die Kleinen schon geimpft und entwurmt sein. Außerdem sollten sie einen Mikrochip eingesetzt bekommen. Ein Käufer hat aber schon meistens in der vierten oder fünften Woche die Möglichkeit, den Wurf anzusehen. Oftmals ist es auch so, dass die Käufer ein zweites Mal kommen dürfen, bis endlich der Zeitpunkt der Abgabe kommt. Manche Züchter verschicken auch schon mal Fotos, damit die Wartezeit für den Käufer nicht zu lange dauert. Wichtig ist, dass die Welpen die ersten Wochen bei ihren Geschwistern und der Mutter bleiben, da es auch für sie die wichtige Prägephase ist und die Sozialisierung beginnt.

## Unbedingt den Züchter „Löcher in den Bauch" fragen.

Dem Züchter sind seine Sennenhunde ans Herz gewachsen und bei manchen werden auch Tränen fließen, wenn die Welpen abgeholt werden. Daher möchte er verständlicherweise auch wissen, wo seine Schützlinge hinkommen und wie sie dort leben werden. Es ist durchaus normal, wenn auch der Züchter Fragen zu dem Zuhause stellt oder nachfragt, ob man schon Erfahrung mit Hunden hat. Von Vorteil ist natürlich, dass man von ihm auch wertvolle Informationen und Tipps bekommt und er auf Besonderheiten hinweisen kann. Man hat nun die Möglichkeit dem Züchter „Löcher in den Bauch" zu fragen und er wird diese geduldig beantworten. Er wird auch bemerken, wenn man unsicher ist und daher beratend zur Seite stehen. Selbst wenn man später einmal Probleme hat oder sich in Ernährungsfragen nicht sicher ist, wird man einen guten Züchter immer wieder ansprechen und sich Ratschläge abholen können.

## Wird ein Kaufvertrag geschlossen, wenn man einen Hund kauft?

Bei seriösen Züchtern wird ein Kaufvertrag geschlossen. Kauft man einen Hund, werden in dem Kaufvertrag wichtige Eckdaten, die Käufer und Züchter betreffen, festgehalten. Darüber hinaus enthält ein Kaufvertrag alle wichtigen Informationen über den Hund, z.B. Datum der Geburt, Geschlecht und mögliche Fehler oder Abweichungen vom Standard. Meistens hat man sogar ein Rückgaberecht, wenn sich herausstellt, dass grob fahrlässige Angaben gemacht wurden oder der Hund sehr krank wird. Zusätzlich wird bei Übergabe des Tieres noch die Ahnentafel mit dem Abstammungsnachweis, der Impfausweis, die Mikrochipnummer des implantierten Chips und Berichte von tierärztlichen Kontrolluntersuchungen übergeben.

## Worauf sollte man in den ersten Tagen achten, wenn der Sennenhund einzieht?

Holt man den Welpen bei dem Züchter ab, sollte man drauf gefasst sein, dass das kleine Wesen jault, wenn er von seiner Mutter und seinen Geschwisterchen getrennt wird. Sie fehlen ihm. Damit die Eingewöhnungsphase leichter fällt, wird der Züchter meistens ein Handbuch oder hilfreiche Tipps mit auf den Weg geben sowie eine Decke oder ähnliches, auf denen sich für den

Welpen vertraute Gerüche befinden.

Wichtig ist, dass in den ersten Tagen und auch Wochen immer jemand bei dem kleinen Welpen ist, damit er in dieser Entwicklungsphase Vertrauen zu seiner Bezugsperson und der Familie gewinnt und auch die Umstellung für ihn leichter ist. Dabei sollte folgendes berücksichtigt werden:

- ✓ Der Welpe sollte zuerst einmal sein neues Heim alleine erforschen.
- ✓ Besucher sollten in den ersten Tagen nicht kommen, damit sich der Sennenhund-Welpe eingewöhnen kann.
- ✓ Dem Welpen sollte man zeigen, wo er schlafen darf und wo er Wasser und Futter findet.
- ✓ Man sollte den Welpen nicht drängen, damit er zu einem kommt. Das wird er schon von ganz alleine machen.
- ✓ Dennoch muss der Kleine ab dem Tage des Einzugs Regeln kennenlernen.

Der Welpenpreis liegt wahrscheinlich bei ca. 1000 bis 1300€. Entscheidend bei einer ernsthaften Zucht ist, dass alle notwendigen Papiere, eine Ahnentafel, Ergebnisse der tierärztlichen Untersuchungen und Impfungen vorliegen. Der Züchter sollte auch darüber Auskunft geben, inwieweit die Elterntiere alle notwendigen und empfohlenen gesundheitlichen Untersuchungen mitgemacht haben. Hierzu gehören auch die medizinische Untersuchung auf Erkrankungen, wie z.B. Hüftdysplasie, Ellbogendysplasie, Osteochondrosis dissecans (OCD), Augenerkrankungen, Patellaluxation, Herz- und Nierenerkrankungen.

Damit Fragen im Vorfeld geklärt werden können, sollte man unbedingt den Züchter besser kennenlernen. Nur bei einem persönlichen Gespräch wird man in der Lage sein, sich über den Zustand der Tiere und der Örtlichkeiten ein Bild zu machen und sich von den Kenntnissen des Züchters zu überzeugen.

**Folgende Vereine gibt es in Deutschland für Sennenhund-Rassen:**

- Deutscher Club für Berner Sennenhunde e.V. (Mitglied des VDH)
- Schweizer Sennenhund-Verein für Deutschland e.V. (Mitglied des VDH)
- Berner Sennen Rasse Hund Verein e.V.
- Berner Sennenhunde Club e.V.

# Fazit

Die Appenzeller, Berner oder Entlebucher Sennenhunde sind tolle Begleiter und eignen sich gut als Familienhunde. Es sind allesamt sanftmütige Riesen, wobei der Entlebucher ein wenig aus der Reihe tanzt, die sich durch ihre Freundlichkeit und ihren Liebreiz auszeichnen. Zwar sind nicht alle Unterrassen, z.B. der Berner Sennenhund, gleich sportlich unterwegs, aber eine ausreichende Bewegung lieben sie alle. Gezüchtet als sogenannte „Bauernhunde" bestand ihre Aufgabe einst darin, große Viehherden und Gehöfte zu beschützen und zu bewachen. Bis heute liegt ihnen diese Aufgabe in den Genen, was sich bei dem ein oder anderen Sennenhund auch gerne zeigt. Alle drei Sennenhund-Rassen benötigen zum Ausgleich eine artgerechte Auslastung und eine tägliche Beschäftigung, damit sie ein glückliches Leben führen können.

Sehr typisch für diese Rasse ist, dass sie ihre Menschen und ihre Familie sehr lieben und darunter leiden, wenn sie von ihrem „Rudel" ausgeschlossen werden. Für Anfänger in der Hundehaltung sind die drei Rassen allerdings nur bedingt geeignet, da sie zum einen eine sture Ader haben und sich nicht unbedingt immer nach dem Willen ihres Herrchens oder Frauchens richten und zum anderen benötigen sie viel Auslauf und geistige Aufgaben, die sie täglich meistern müssen. Ist dies nicht gegeben und sie langweilen sich, können sie unter Umständen schon ziemlich unleidlich werden. Bedauerlicherweise ist die Lebenserwartung bei allen drei Sennenhund-Rassen nicht sehr hoch und es gibt immer noch bestimmte erblich bedingte Krankheiten, die die Hunde bekommen können.

Einzig der Entlebucher ist auch heute noch eine sehr seltene Rasse, die immer beliebter wird. Das Tier besticht durch seinen muskulösen Körper, seiner Wendigkeit und seiner Liebe im Umgang mit Kindern. Aber auch er kann ein wenig ungestüm sein, wenn er nicht ausgelastet ist. Da die Anzahl der Züchter in Deutschland nur sehr gering ist, wird man sich beim Kauf eines Entlebuchers auf eine Warteliste setzen lassen.

Die Sennenhunde können sehr gut als Fährten-, Lawinen, Rettungs- und Therapiehunde sowie im Mantrailing eingesetzt werden. Sogar als Spürhunde bei der Polizei arbeiten die Sennenhunde teilweise. Doch bevor man sich einen der Sennenhunde anschafft, sollte man sich über ein paar Punkte im Klaren sein:

1. Diese Rasse nimmt viel Zeit ein
2. Diese Rasse muss aktiv beschäftig werden
3. Hat eine vergleichsweise geringe Lebenserwartung

Wichtig ist auch, sich einen seriösen Züchter auszusuchen, der in einem Verein gemeldet ist und der bereit ist, immer wieder Fragen zu beantworten und auch zu einem späteren Zeitpunkt noch mit Rat und Tat zur Seite steht.

# Über diese Reihe:
# Mein Hund fürs Leben

Dies ist der siebte Band einer Reihe von kompakten, lebensnahen Ratgebern zum Thema Hundeerziehung. Die einzelnen Rassen und Hundethemen werden von Autoren vorgestellt, die sich durch langjährige Erfahrung und durch Liebe zum Hund auszeichnen. Wir wünschen Ihnen viele schöne und entspannte Jahre mit Ihrem Vierbeiner!

Über eine positive Bewertung würden wir uns freuen!

# SO TRAINIERST DU DEINEN HUND

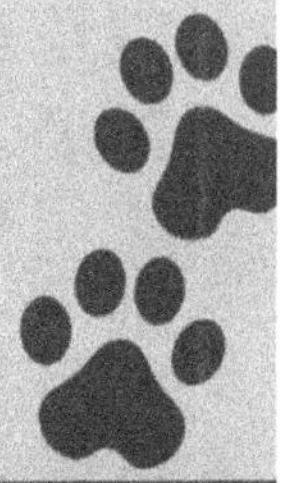

## EIN ZIEL NACH DEM ANDEREN

Gib deinem Hund Zeit sich zu fokussieren

## KLAR KOMMUNIZIEREN

Verwende klare Hinweise und Gesten

## BELOHNE RICHTIG

Motiviere deinen Hund mit Snacks & Leckerlis

## ÜBE REGELMÄSSIG

Wiederholung ist wichtig

## MACH ES JEDEN TAG

Gib dem Hund Zeit für Ruhe

# DAS WELPENPROJEKT

## So kümmern Sie sich um Ihren neuen Hund

### 1 BEQUEMES HUNDEKÖRBCHEN BESORGEN

Ihr vierbeiniger Freund braucht ein weiches und bequemes Bett zum schlafen.

### 2 STELLEN SIE LECKERES HUNDEFUTTER BEREIT

Kaufen Sie qualitativ hochwertiges Hundefutter in Ihrem Tierladen vor Ort und lesen Sie die Anweisungen auf der Verpackung.

### 3 GEHEN SIE MIT IHREM HUND SPAZIEREN

Gehen Sie mit Ihrem Vierbeiner in den Park oder erkunden Sie gemeinsam Ihre Nachbarschaft.

### 4 GEBEN SIE IHREM HUND EIN PAAR LECKERCHEN

Ihr Hund hat sich ein Leckerchen verdient, insbesondere dann, wenn er gehorcht.

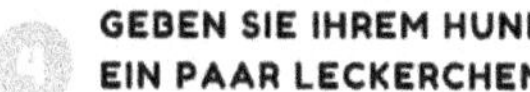

### 5 REGELMÄSSIGE TIERARZTBESUCHE

Stellen Sie sicher, dass Ihr Fellfreund stets gesund und munter ist.

# TIPPS FÜR DIE HAUSTIERPFLEGE

So wirst du ein besserer Besitzer

## Gib Futter und Wasser.

7:00 Uhr

**Lass das Tier aus dem Haus, um sein Geschäft zu verrichten.**

7:30 Uhr

## Lass das Tier ein Nickerchen machen.

10:00 Uhr

## Geh mit ihm spazieren.

16:00 Uhr

## Gib ihm Abendessen.

18:00 Uhr

# Impressum

Das Werk einschließlich aller Inhalte ist urheberrechtlich geschützt. Der Nachdruck oder die Reproduktion, gesamt oder auszugsweise, sowie die Einspeicherung, Verarbeitung, Vervielfältigung und Verbreitung mit Hilfe elektronischer Systeme, gesamt oder auszugsweise, ist ohne schriftliche Genehmigung des Autors untersagt. Alle Übersetzungsrechte vorbehalten. Die Inhalte dieses Buches wurden anhand von anerkannten Quellen recherchiert und mit hoher Sorgfalt geprüft. Der Autor übernimmt dennoch keinerlei Gewähr für die Aktualität, Richtigkeit und Vollständigkeit der bereitgestellten Informationen. Haftungsansprüche gegen den Autor, welche sich auf Schäden gesundheitlicher, materieller oder ideeller Art beziehen, die durch die Nutzung oder Nichtnutzung der dargebotenen Informationen bzw. durch die Nutzung fehlerhafter und unvollständiger Informationen verursacht wurden, sind grundsätzlich ausgeschlossen, sofern seitens des Autors kein nachweislich vorsätzliches oder grob fahrlässiges Verschulden vorliegt. Dieses Buch ist kein Ersatz für medizinische und professionelle Beratung und Betreuung. Dieses Buch verweist auf Inhalte Dritter. Der Autor erklärt hiermit ausdrücklich, dass zum Zeitpunkt der Linksetzung keine illegalen Inhalte auf den zu verlinkenden Seiten erkennbar waren. Auf die verlinkten Inhalte hat der Autor keinen Einfluss. Deshalb distanziert der Autor sich hiermit ausdrücklich von allen Inhalten aller verlinkten Seiten, die nach der Linksetzung verändert wurden. Für illegale, fehlerhafte oder unvollständige Inhalte und insbesondere für Schäden, die aus der Nutzung oder Nichtnutzung solcherart dargebotener Informationen entstehen, haftet allein der Anbieter der Seite, auf welche verwiesen wurde, nicht aber der Autor dieses Buches. Alle Rechte vorbehalten.

Bilder sind von https://de.depositphotos.com/ lizensiert.
ISBN: 9798705574513
Independently published
M. Mittelstät
Friedrichstraße 112b
38855, Wernigerode